Javier Gutiérrez Ornelas

En el presente

50 prácticas de mindfulness

Prólogo de Fernando Álvarez de Torrijos

Numancia 117-121, 08029 Barcelona, España
www.editorialkairos.com

Fotocomposición: Florence Carreté
Diseño cubierta: Katrien Van Steen
Imagen cubierta: Erwin (HOerwing56)
Impresión y encuadernación: Romanyà-Valls. 08786 Capellades

Primera edición: Octubre 2022
ISBN: 978-84-1121-055-3
Depósito legal: B 13.104-2022

Este libro ha sido impreso con papel que proviene de fuentes respetuosas con la sociedad y el medio ambiente y cuenta con los requisitos necesarios para ser considerado un «libro amigo de los bosques».

Sumario

Agradecimientos

Agradezco infinitamente a cada uno de mis maestros espirituales, a Jorge Luis Jáuregui, mi maestro de vedanta advaita, al reverendo Fa Chao Sakya, mi maestro de budismo chan, al maestro Fernando A. de Torrijos y a Javier García Campayo, mis maestros de mindfulness y al venerable lama Rinchen Gyatsen, mi maestro de budismo tibetano.

También quiero agradecer a mi familia, que me ha apoyado en los momentos de ciertas decisiones radicales que he tomado guiado por mi intuición.

Agradezco a cada uno de mis estudiantes, porque me han enseñado mucho más de lo que yo les puedo enseñar.

Finalmente, mi agradecimiento es para tantos y tantos autores de libros de sabiduría perenne, ya que me han inspirado para ser un faro en este camino hacia una vida con mayor significado.

Prólogo

Este es un libro profundo y sencillo en el que el autor nos invita a observar la vida desde el centro de nuestro SER. Nos anima a realizar unas cortas prácticas cada semana, una serie de actividades relacionadas con la vida diaria que poseen un poder transformador y que paso a paso pueden conseguir un cambio significativo en la vida de muchas personas.

Una invitación al autoconocimiento, a descubrir nuestro potencial como seres humanos, diluyendo los nubarrones mentales y los condicionamientos adquiridos que nos impiden percibir nuestra propia belleza. Comprometernos con las prácticas aquí sugeridas, nos permitirá que lo bueno, útil y auténtico que mora en nuestro interior se manifieste en nuestro beneficio y en el de aquellas personas con las que compartimos nuestra vida.

Hace muchos años, en Madrid, tras una adolescencia de mucho sufrimiento e incertidumbre, decidí comprometerme con la vida, averiguando la razón por la que había nacido. Dejé de buscar respuestas fuera de mí, animándome a entrar en mi interior, en la quietud del ser, en busca de algo. En uno de esos momentos de profunda oscuridad en el que me sentí paralizado, algo me habló desde el interior, diciendo: «si has nacido tiene que haber alguna razón para ello», y a partir de esas palabras fue que decidí hacer de mi vida una aventura.

Fuera de mí todo era ruido, recibía muchos consejos sin sentido y sin haberlos solicitado, como si el que me los ofrecía supiera de lo que estaba hablando. Su procedencia era muy diversa, de familiares, amigos, maestros, autoridades civiles o eclesiásticas, posiblemente sin mala intención. Sin embargo, eran opiniones lanzadas frívolamente sin que nadie se hubiera molestado en preguntarme qué era lo que realmente necesitaba, lo que me compungía, de dónde surgía mi descontento, mi malestar, mi sufrimiento... Es decir, no me sentía escuchado.

¡Debes hacer esto! ¡Debes hacer lo otro! Todos esos manifiestos caían en mí como palabras vacías, pues no se reflejaban en los actos de quienes los lanzaban; te decían hacer esto, pero ellos hacían completamente lo contrario. Mi conclusión fue que es difícil encontrar sabiduría en la multitud, cuando uno percibe que esa multitud como grupo o individualmente sigue atrapada en su propio sufrimiento, en su propia oscuridad y en su propio egoísmo.

¿Por qué nos hacemos tanto daño unos a otros? ¿Cuál es la causa de tanto sufrimiento?

Tendrían que pasar muchos años y una gran cantidad experiencias de todo tipo. Vivencias con diferentes personas, ricas y pobres, independientes y dependientes, poderosas y sin poder alguno, con gran erudición o analfabetas, de todas las edades y de todos los colores, en barrios pobres y en universidades, en palacios y en chabolas, en monasterios y en prisiones, en el campo y en las ciudades, para llegar a la conclusión de que todos estamos en el mismo barco, y que, si el barco se hunde, ahí nos hundimos todos.

Descubrí que nadie es mejor o peor, que el papel que cada uno desempeña es el territorio en el que le ha puesto la vida para expresar su humanidad lo mejor que pueda. Que ser un ser humano es un privilegio y conlleva una profunda responsabilidad, que todos estamos aquí por una razón y que nuestra función más importante es averiguar la razón de haber nacido y de acuerdo con ello colaborar en el propio desarrollo, contribuyendo de la forma más eficaz posible al proceso de la evolución humana.

Hay una inscripción en el Museo de Antropología de la Ciudad de México que creo que dice así: «Esos toltecas eran realmente sabios, solían dialogar con su propio corazón».

Todos hemos nacido con una JOYA inmaculada en nuestro interior, una chispa de conciencia que no se mancilla, que se mantiene pura toda la vida y cuya principal función es dar luz y guiarnos en este valle de lágrimas. En el momento de nacer y con la llegada de la primera respiración, esa magnífica joya encuentra su morada en nuestro interior, iniciándose ahí el proceso de vivir. Poco a poco, vamos despertando tímidamente a una nueva realidad, y de acuerdo con las circunstancias, nuestra alma se va manifestando, va abriendo cada uno de los sentidos para poder percibir las experiencias iniciales de la vida, con sus condicionamientos y limitaciones basados en la genética heredada y en el medioambiente en el que ha surgido.

Ese nuevo personaje que emerge entre llantos empezará a ser afectado por todo tipo de choques agradables o desagradables que irán moldeando una neblina. Alrededor de esa joya, se empezará a construir un yo, nos cubrirán todo tipo de ropajes que con el tiempo podrán llegar a ser nubarrones oscuros, que nos impedirán percibir aquello que desde el corazón del SER nos mueve.

En nuestra vida todo tiene una razón de ser, aprendemos unos de otros. Somos el actor o la actriz de nuestra propia película, también el director y la guionista. ¿Eres tú el que decide quién quieres que esté en tu película o son otros los que deciden por ti?

Durante años, dirigí el programa de reducción de estrés del centro médico de la Universidad de Massachusetts. Por mis clases pasaron miles de pacientes con múltiples condiciones crónicas, que en muchos casos habían surgido debido a elevados niveles de estrés. La mayoría de los participantes llegaban a nosotros porque habían perdido el sentido de dirección, su mente bulliciosa o egoica había tomado posesión de sus vidas, zarandeándolos en mil direcciones.

Venían al curso a aprender algo que les permitiera recuperar la estabilidad, la paz mental, la armonía, la alegría de vivir. Es muy fácil perderse, las distracciones son abundantes y variadas, nuestro cerebro está tan presto a distraerse que «un día giré la cabeza, y se convirtió en mi vida».

El programa de reducción de estrés se creó para darnos la oportunidad de parar, respirar, relajarnos y recuperar el sentido de dirección. Su mayor propósito ha sido ayudar a que cada persona aprendiera a conectar con su cuerpo y respiración, que son los fundamentos de la medicina cuerpo/mente, ayudando a esa mente dispersa, «loca», a dejar de interferir. El cultivo de la atención plena o mindfulness es una invitación a que esta mente egoica que se cree la dueña de la casa se vaya calmando, para que la Mente Silenciosa y tranquila, que surge del resplandor de la joya interna, empiece a indicar de nuevo nuestro camino, nuestra razón de ser.

A mis pacientes les digo que además de la joya que se depositó en nosotros al nacer y que no ha dejado de brillar, se nos entregó un jardín o huerto a cultivar, tu huerto, tu jardín, tu compromiso con la vida, tu responsabilidad como ser humano. Un huerto en el cual depositar semillas que tengan alma y significado para ti. Para atenderlo es necesario visitarlo a diario, cada persona posee el suyo y debe atender el suyo, no el de otros. Esa es la responsabilidad personal de cada uno: aprender a no manipular el jardín de otros y asegurarse de que los demás respeten el suyo.

Uno de mis poemas favoritos de don Antonio Machado es el que termina diciendo:

«Alma, ¿qué has hecho de tu pobre huerto?»

El libro que tienes en tus manos es una invitación a atender tu propio huerto, de forma sencilla pero eficaz, con entera dedicación. Es una invitación a detenernos en el aquí y ahora, en el momento presente que es en realidad el único momento que tenemos para estar vivos. La mente bulliciosa o dispersa necesita del pasado y del futuro para sobrevivir, le aterra la quietud, es el fundamento del tiempo psicológico y la memoria ordinaria, la dualidad, la separatividad.

La Mente Silenciosa es donde surge la pura percepción, el entendimiento, la inteligencia, la compasión/sabiduría, que se manifiestan en la quietud del momento presente y es puerta de acceso a la memoria trascendental y a la percepción no dual.

Dedica cada día al menos diez minutos al momento presente. Una invitación a hacerte consciente de tu cuerpo y la respiración que lo acompaña y nutre, de forma que la luz interna te alcance, te guíe. Hazlo a tu manera, pero atendiendo con sentido de compromiso y responsabilidad a las indicaciones y guías ofrecidas por Javier en este libro, para que de estas prácticas puedas extraer semillas que tengan alma y significado para ti. Una vez que las tengas claramente en tus manos, deposítalas con cuidado en ese jardín interior que te fue entregado al nacer para que lo cuidaras, para que con el calor que emana del cultivo de la atención plena, germinen, den fruto, y puedan convertirse en alimento para aquellos con los que compartes tu vida.

FERNANDO ÁLVAREZ DE TORRIJOS
Massachusetts, 8 de marzo 2022

Introducción

Viajamos mentalmente de manera incesante perdiéndonos el maravilloso espectáculo que está frente a nosotros y quejándonos de que la vida no tiene sentido o que algo le falta.

Nos quejamos de que a la vida algo le falta, y sí, lo que le falta somos nosotros, nuestra atención, que en lugar de estar conectada con el siempre sorprendente flujo de la vida, se pierde entre el pasado y el futuro.

Desde hace más de diez años, me involucré en un viaje hacia mi interior, que no deja de sorprenderme, porque, cuando menos lo espero, me depara maravillas insospechadas. Se desvelan ante mí secretos que siempre he tenido frente a mis ojos, pero que yo no veía.

Al darme cuenta de que el despliegue de la vida está ante nuestras narices y que la mayoría de las personas solo desean que el siguiente fin de semana les ofrezca momentos de felicidad, decidí prepararme de manera total. Quise tener las herramientas para poder abrir la puerta de esta maravilla a personas interesadas. Hoy, mi labor es decirles que no hay nada más asombroso que vivir el momento presente, compartiéndoles algunos ejercicios y pistas para lograrlo.

¿Dicen que ya vivimos el momento presente? Nuestro cuerpo sí, pero nuestra mente generalmente se distrae en un futuro construido con nuestros temores y ansiedades o en un pasado perdido entre remordimientos, culpas, tristezas y frustraciones.

Con nuestra mente podemos viajar en el tiempo también para concretar cosas favorables como planear las vacaciones o irnos a momentos placenteros del pasado. Sin embargo, para lograr estos viajes tenemos que pagar el precio de abandonar el aquí y el ahora, donde se despliega la vida en toda su plenitud, y yo prefiero no comprar ese boleto, porque es el boleto de la desatención.

En consecuencia, busqué la forma de entrenarme para profundizar y enraizarme en el momento presente. Esto me ha llevado a conocer a extraordinarios maestros de esta disciplina, llamada mindfulness, que hoy enseño.

Mindfulness es la capacidad de poner total atención en el momento presente, pero no solo en lo que nos rodea y percibimos, sino también y muy especialmente en nuestras sensaciones corporales y procesos mentales, tanto pensamientos como emociones, sin distraernos con ellos. Debemos darnos cuenta de que somos esa consciencia que está en la base de todo cambio, sin que ella misma se modifique. Aunque esto se dice fácil, requiere ejercicios que suelen ser sencillos, y que por esa misma simpleza son fácilmente demeritados, creyendo que tienen menos poder del que poseen.

En consecuencia, en este libro iremos explorando diferentes reflexiones y ejercicios para lograr semana a semana una vida plena, una vida de total presencia.

Quiero cerrar esta breve introducción comentándote que cada ejercicio que aprenderemos tiene un amplio respaldo científico, y cada reflexión que compartiremos viene de tradiciones orientales, que han sido añejadas y destiladas en los cerebros y corazones de grandes sabios.

Mi recomendación es que leas un capítulo por semana; como son cincuenta, tienes suficientes para todo un año. Durante cada semana conviene estar atenta o atento a percibir si lo que leíste se relaciona con lo que vas viviendo. El estar presente en cada momento correspondiente a dicha semana te permitirá aprender con tu propia capacidad lo que la vida te va enseñando. Estoy seguro de que serán muchos los momentos en los que notarás la sintonía entre lo que leíste y lo que la vida te está desplegando.

Si lo trabajas así, no te saturarás y permitirás que la vida te vaya guiando, a su paso, a su tiempo y en su momento. Por lo tanto, no será una lectura que sea desarrollada solo por ti, sino que la vida se confabulará contigo, para que cada capítulo tenga un mayor sentido. La vida siempre nos está hablando y mostrando sus secretos y maravillas, si nosotros estamos ahí para escucharla.

De este modo, es importante que bebas estas reflexiones paso a paso, ya que te darás cuenta de que son pistas para que puedas conocer una sabiduría que es parte de tu naturaleza, ¡porque es tu naturaleza!

Cada capítulo tiene el hilo conductor de hacernos ver y revalorar el presente, tanto lo exterior como nuestro interior, ya sean las emociones, percepciones, conductas o tendencias. Con esto podremos equilibrarnos momento a momento ante los cambios incesantes de la existencia.

Deseo sinceramente que este pequeño libro cumpla con su función: el darte pistas para sacarle el mayor jugo posible a la vida y a tu maravillosa esencia y con ello ser un agente de cambio positivo para ti y para todos los que te rodean.

¿Tienes miedo?

«Quien reconoce su miedo, reconoce su humanidad».

El miedo es una de las emociones más importantes para la supervivencia, pero cuando se vuelve excesivo y desbordado actúa exactamente en forma contraria.

Ante las situaciones adversas y riesgosas, el miedo es una alarma imprescindible que ha sido desarrollada durante millones de años para que en cuestión de unos segundos nos active para tratar de ponernos a salvo.

Por lo tanto, es absolutamente normal que esta emoción, diseñada por el proceso evolutivo para avisarnos de los peligros, se detone para que nos protejamos y tomemos nuestras precauciones, evitando ser vulnerables ante una situación de riesgo.

El miedo es como esa luz roja en el tablero del coche que se enciende para avisarnos de que debemos atender alguna cuestión importante: una vez que la atendemos, se apaga, volviendo a la normalidad.

Desgraciadamente, lo que suele sucedernos es que, aunque atendamos al riesgo, muchas veces ese foco no se apaga. Es decir, hemos tomado nuestras precauciones para evitar un daño, pero, incluso ya protegidos, la emoción del miedo sigue allí, como telón de fondo. Es alimentada por nuestros pensamientos catastróficos sobre determinada situación, lo que nos va generando más daño que beneficio.

Está demostrado que el miedo crónico genera un estrés que daña nuestro cuerpo de forma muy agresiva. Tal vez podemos protegernos de un riesgo exterior, pero nuestro miedo desbordado nos daña desde dentro.

¿Qué hacer entonces para dejar de tener miedo? Bueno, ciertamente, no se trata de dejar de tener miedo, porque, cuando intentamos hacerlo, este suele crecer más. Por el contrario, se trata de aprender a estar con él y verlo como lo que es, una serie de cambios físicos que se activan ante un riesgo o ante el pensamiento de un riesgo.

Si el miedo se genera por la presencia de un riesgo..., ¡debemos ponernos a salvo! Pero... ¿y si se detona por un pensamiento? ¡Igualmente, debemos protegernos! ¿Cómo? Conectándonos con el momento presente, llevando nuestra atención a la respiración, observando los cambios físicos que se generan, sin juzgarlos, ya que esa acción provocará que el miedo se disuelva por sí solo.

Para lograr lo anterior y mejorar nuestra calidad de vida y la calidad de vida de los que nos rodean, es recomendable hacer todos los días, como mínimo, diez minutos de respiración atenta. Te sientas cómodamente, cierras tus ojos y te das cuenta de la sensación de la respiración, y cada vez que te distraigas, vuelves a ella, así irás entrenando tu cerebro para aprender a estar con esa emoción abrazándola, sin tener miedo al miedo.

Recuerda que ni tus peores enemigos pueden dañarte tanto como tus pensamientos, evita perderte en el futuro. Si estás atento al momento presente, lograrás tener mejor salud y sabiduría para enfrentar los retos que la vida te depare.

Práctica

Durante esta semana, trata de poner atención en las situaciones que detonen tu miedo. Cuando este haga su aparición, enfócate directamente en tu experiencia, como si fueses un científico. Empieza a observar tus sensaciones sin juzgarlas, solo debes darte cuenta de dónde y cómo se manifiestan y mantenerte observando sin forzar ni desear que tu emoción termine.

Al sentir los cambios físicos que acompañan al miedo, puedes decirte en silencio, mientras sigues sintiéndolos:

> «Miedo, te abrazo, te acepto y te dejo estar».

Repite esta frase mientras respiras atento y sientes tu cuerpo; si lo haces de manera disciplinada, notarás que tu miedo se va debilitando hasta disolverse.

Libre de juicios

«Un juicio es un mapa no una sentencia».

Nuestra mente es una máquina incesante de ideas, recuerdos, juicios, planes, proyectos, fantasías, porque viaja tanto en el tiempo que apenas se da cuenta de lo que tiene enfrente.

Los seres humanos tenemos una gran diferencia respecto a otras especies animales: nuestro cerebro. Somos la única especie capaz de generar escenarios mentales pasados o futuros como si ya estuviesen sucediendo.

Además, somos los únicos capaces de vivir literalmente perdidos en nuestros pensamientos, mientras la vida transcurre frente a nosotros sin verla.

Decía John Lennon: «La vida es aquello que sucede mientras estás haciendo planes». ¿Cuál es la propuesta entonces?, ¿dejar de pensar?, ¿dejar de planear? ¡Imposible!, y además nada recomendable.

La propuesta es tener equilibrio entre el darnos cuenta del momento presente y, cuando sea necesario, detenernos para dedicarnos solo a pensar, planear, recordar, etcétera.

Es muy importante para nuestro bienestar psicológico conservar ese equilibrio. El tener la capacidad de poder experimentar cada actividad y cada momento, por trivial que nos parezca, con total atención. Como decía un maestro zen: «Cuando como, como; cuando duermo, duermo». Si logramos involucrarnos plenamente con lo que hacemos, estaremos generando poderosos cambios cerebrales para nuestro bienestar.

Pero ¿qué sucederá con la mente parlanchina?, ¿se apagará totalmente? Lo más probable es que no por lo tanto, es muy importante considerar una de las bases del mindfulness, en la que se asienta esta poderosa capacidad atencional humana: no ver los juicios mentales como si fueran la realidad última porque no lo son.

Los juicios mentales son interpretaciones sesgadas de la realidad que percibimos, y estos sesgos tienen una tendencia negativa, ya que nuestro cerebro es un órgano diseñado por la naturaleza para la supervivencia, por lo que es mucho más fácil para el cerebro ver el vaso medio vacío que medio lleno.

Lo anterior está plenamente identificado; la psicología y la neurociencia han encontrado una serie de sesgos que nos llevan al malestar y que forman parte del funcionamiento cerebral. Entre todos se destaca uno que en este tiempo de tanta incertidumbre que hoy estamos atravesando suele ser altamente detonado: el catastrofismo.

El catastrofismo es una tendencia automática a imaginar el peor escenario posible ante una situación desfavorable, que se vive o se cree que se vivirá.

Por lo tanto, es muy importante vivir libre de juicios, conectarnos al aquí y ahora. Desde ese poderoso anclaje, de darnos cuenta de cuando nuestra mente comienza con sus novelas y no engancharnos, no comprar sus dramas, sino seguir experimentando plenamente la experiencia y con nuestra sabiduría discernir cuando algo que nos diga tiene sentido para atenderlo.

Práctica

En esta semana, trata de fortalecer tu capacidad de metacognición, que es la libertad para darnos cuenta de que los pensamientos son eventos mentales.

Considerar esto nos libera del yugo y la opresión de muchos pensamientos catastróficos y negativos.

Para fortalecer esta capacidad, siéntate en un espacio tranquilo, pon tu aplicación de meditación o una alarma que suene a los diez minutos y cierra los ojos. Lleva la atención a los pensamientos que se generen, no los evadas, no los persigas, solo obsérvalos, dándote cuenta de cómo se forman, se sostienen y se disuelven, para dar lugar a otro pensamiento.

Lo anterior dará cada vez más espacio entre tú y tus pensamientos, para que no te dejes llevar por ellos en modo automático.

Hoy es tu mejor día

«Yo no cambio este día por ningún otro,
porque no hay ningún otro».

Cada día es único, maravilloso e irrepetible; cuando le preguntes a alguien: «¿Cómo va tu día?», y te conteste: «Igual que todos los días» puedes deducir que esta persona, no importa si es vieja o joven, no ha descubierto qué es realmente vivir.

La mente parlante es muy interesante, porque es un producto de nuestro cerebro y es una herramienta sumamente poderosa para nuestra vida, pero tiene una particularidad: no puede vivir satisfecha en el presente.

Me gusta la frase que dice Rick Hanson en su libro *El cerebro de Buda*: «La madre naturaleza busca la supervivencia y no le importa si sufrimos o no en el proceso».

Y esto es lo que hace que nuestra mente nunca esté satisfecha con lo que experimenta en el momento presente, porque busca algo mejor en el futuro, pero con la trampa de hacernos creer que eso nos dará la felicidad, lo que es totalmente falso.

Sin embargo, es muy importante que recuerdes algo: ¡hoy es tu mejor día! ¿Por qué? ¡Porque es el único que tienes!

Todo lo demás son fantasías mentales y trampas que nos hacen escapar de la realidad.

Si tuvieras un hambre voraz y te dieran a elegir entre un pan pálido y convencional y un pan que luce con un vivo color y elaborado de forma artesanal, pero que es una fotografía: ¿cuál preferirías para calmar tu hambre? Espero que el primero.

Asimismo, este día, este momento es el mejor, porque no hay otro y porque aquí puedes encontrar todo para estar pleno… ¿Por qué no lo consigues? Pues porque lo desprecias. No es que a este día le falte algo, lo que pasa es que tu mente sobrepone a la realidad sus agrados y desagrados, no vives el momento presente… ¡Te lo platicas! Le pones condiciones a la realidad, y esas condiciones solo habitan en tu mente.

La vida explota de energía y de belleza, sí, pero también de adversidades. Sin embargo, estas se enredan y complican cuando te resistes a ellas, cuando siendo un día nublado quieres que salga el sol y si sale el sol quieres que se nuble.

Si comprendes que el momento presente es un regalo y que la vida no tiene ningún compromiso para quedar bien con tu mente y sus exigencias, podrás descansar en el presente y lograr más metas, más proyectos. Pero no si caes en ansiedad, en zozobra, en angustia y en todos esos estados emocionales de una mente que ignora que este momento es una experiencia maravillosa, si la vemos con los ojos de la sabiduría, la compasión y atención plena.

Por lo tanto, te invito a que te des una oportunidad, detengas tus pendientes del día y trates de apreciar lo que estás experimentando de forma directa. No es fácil, pero inténtalo una y otra vez, vive en el presente, experimenta con todo tu ser y penetrarás en una realidad que tal vez te dé una grata sorpresa.

Práctica

Cada día de esta semana, separa diez minutos para dedicarlos a admirar el momento presente. No tienes que hacerlo en un lugar especial o acondicionado para que sea agradable. Lo mejor será poner una alarma todos los días a la hora que decidas; en cuanto suene deberás detener toda tu actividad, para darte cuenta de lo que estás experimentando en ese momento.

De esta forma, comprenderás que en ese preciso momento la vida te está esperando para mostrarte su plenitud y su belleza.

Nuestra amiga la tristeza

«La lluvia de la tristeza riega el alma para que florezca».

Esta emoción nos permite replantearnos la vida, y con ello tratar de verla desde otro enfoque, porque tal vez el que quiere nuestro ego no es el que tiene que ser y no es viable en la realidad en que vivimos.

Todos tenemos emociones y todos tenemos las mismas, pues no son nada personal. Son estímulos que genera el cerebro ante la percepción de diferentes escenarios reales o imaginarios y que impactan en nuestro cuerpo.

Algunas emociones generan bienestar, pero otras, la mayoría, hacen que el cuerpo se tense o que se resista ante la percepción generada.

Una emoción que forma parte de nuestro paisaje interior es la tristeza, que al detonarse nos baja la energía y hace que nos replanteemos la vida. Sin embargo, si sabemos aprovecharla puede ser una gran maestra.

Nos preguntamos qué puede enseñarnos la tristeza. Esta emoción nos hace darnos cuenta de una forma más cabal de cómo es la vida en realidad. En general, nos vamos dejando llevar por una mente que construye castillos en el aire en todos los entornos donde nos involucramos. Esos castillos más temprano que tarde terminarán derrumbándose.

No quiere decir que no sea válido hacer planes, pero los distorsionamos con expectativas, y al no cumplirse alguna de ellas, nos hundimos en el malestar, porque la vida no nos complace como debería de hacerlo y entonces aparece en escena nuestra amiga: la tristeza.

Cuando esta emoción está presente, al igual que las demás, tiñe la experiencia con su color. Todo lo vemos triste y desfavorable en ese momento. Pero si no nos perdemos con la voz interior, y en lugar de eso dejamos que la tristeza se asiente, podemos observarla como si fuésemos un testigo que solo se está dando cuenta. Sin tomar partido de agradable o desagradable, de me gusta o no me gusta, sino solo viendo el proceso del momento presente de forma impersonal, como si le sucediera a otra persona, se empieza a generar una metamorfosis interior muy poderosa y sanadora.

Cuando damos ese espacio para que la emoción se vaya serenando y no la alimentamos con nuestras voces de «no me lo merezco», «¿por qué a mí?», «nunca me valoran» y solo nos conectamos con nuestro cuerpo tal y como se siente en ese momento, estaremos en nuestro punto para aprender de la tristeza.

Entonces, desde ese remanso de baja energía, pero de estabilidad, comenzaremos a revalorar la vida y las personas y seres que nos acompañan. Comenzaremos a darnos cuenta de que la vida vale la pena ser vivida con todos sus matices y que tenemos en nosotros todo lo necesario para dar los pasos siguientes.

Por todo esto, no trates de erradicar la tristeza, tampoco la deformes con tus pensamientos, abrázala, déjala estar, pues te enseñará y se irá ella sola.

Práctica

En esta semana, dedícate a darle diez minutos en tu día a la tristeza, programa tu aplicación de meditación o coloca una alarma que suene a los diez minutos.

Siéntate cómodamente, cierra los ojos y respira con atención por unos tres minutos (calcúlalos). Posteriormente, piensa en algo que te detone la tristeza, si no te sientes lista o listo, no elijas un suceso muy intenso, sino algo menos emotivo y, cuando lo pienses, lleva tu atención al cuerpo, date cuenta de dónde notas los «masajes de la tristeza». Es decir, dónde se manifiesta en tu cuerpo, y percibe también su energía cambiante y difusa.

A medida que repitas el ejercicio, comprenderás que estas sensaciones son innocuas y que, si aprendemos a observarlas sin rechazarlas, se irán disolviendo por sí solas.

Cuando todo se derrumba

«La vida se desarma para que tu arquitecto interior
vuelva a levantarla aún más sólida».

Todos sufrimos, esa es una realidad. El sufrimiento tiene causas, y los motivos por los que padecemos son porque vamos construyendo un mundo idealizado, que sobreponemos al mundo real que nos confronta.

Como mamíferos, tenemos un instinto muy arraigado a flor de piel: el cuidado de nuestros seres queridos.

Los mamíferos somos los animales más sociales, y cada vez que alguien de nuestro entorno vive un momento desfavorable, sufrimos junto con él, empatizamos y nos vinculamos a un grado tan profundo que es como si el sufrimiento fuese nuestro.

Cuando todo parece estar en contra de las personas que amamos, es muy importante y vital sostenernos conectados al momento presente, si queremos ser agentes de cambio positivo para ellos.

Es inevitable que tanto ellos como nosotros sintamos dolor, somos humanos y es parte de nuestra naturaleza. Pero hay que recordar en esos momentos clave que después del huracán viene la calma y que perdernos en los «debería» y en los «hubiera» solo agrega sal a la herida y no nos permitirá estabilizarnos ante la realidad vivida.

Sí, hay momentos en nuestra vida y en la de los seres que amamos en que todo se derrumba. Pero mientras tengamos el corazón abierto y la sabiduría del aquí y ahora, podremos reconstruir lo dañado.

Tal vez no se levantará con las mismas características, tal vez haya parches, pegaduras, marcas, raspones, pero será lo suficientemente firme para volver a enfrentar la vida de forma digna y plena. Debemos ir entendiendo sobre la base de lo aprendido que la vida no es la que debe adaptarse a nosotros, sino nosotros a ella. También que puede ser compleja, confusa, pesada, pero tiene una belleza inherente, que nos llena de energía cada vez que los nubarrones de la adversidad se alejan.

Así que, aunque nuestra mente parlante y ruidosa nos diga que nos alejemos de los demás y su sufrimiento, que no perdamos nuestra calma por alguien más, veamos qué dice nuestro corazón. Aunque esté empequeñecido por el miedo vivido, seguramente nos pedirá que apoyemos, que estemos, que abracemos, que entendamos que la vida se compone de matices y que solo juntos en las buenas y en las no tan buenas saldremos adelante.

Si en los momentos difíciles y confusos volteamos al pasado y vemos rencor, resentimiento, culpa, tristeza. Y si volteamos al futuro y vemos miedo, incertidumbre, angustia, desesperanza, veamos nuestro momento presente. Ese momento donde todo surge y se disuelve, donde están la plenitud y la sabiduría para empoderarnos y ser ese bálsamo que ayude a quien sufre y le permita seguir su camino a una vida plena.

Práctica

Durante esta semana, solo mantente atenta o atento a las necesidades de alguien más, puede ser un familiar, un compañero de trabajo, un vecino o incluso alguna persona sintecho o en indigencia. En la medida de tus posibilidades, hazle ver que cuenta contigo, que no está sola o solo en ese proceso y que hay una mano, la tuya, con la que puede contar.

Si notas que las emociones como la tristeza o el miedo te invaden cuando te vinculas con alguien necesitado de apoyo, recuerda que la respiración consciente es un poderoso anclaje al presente, donde lograrás la fuerza y estabilidad necesarias para el apoyo brindado.

Atención e intención

«Ten clara tu meta,
pero nunca dejes de disfrutar tu camino».

A los seres humanos nos tocó atravesar momentos de gran incertidumbre a raíz de la pandemia del covid-19.

El tener que estar sujetos a una serie de cambios que nos limitan y nos obligan a generar ajustes en nuestras agendas, en nuestros planes, tanto a corto como mediano y hasta largo plazo, se vuelve un factor sumamente difícil de sortear, sin vernos afectados por la posibilidad de que todo tenga que ser modificado.

Las estructuras académicas, sanitarias, laborales y sociales se reajustan sobre la marcha. Somos testigos de la información que nos puede llevar primero al norte, e inmediatamente después, al sur. La ilusión de que la curva baje como por arte de magia o que también se logre la concientización del colectivo para un mayor cuidado son zanahorias en un palo que nos llevan a vivir en una constante zozobra.

Ante tal situación, ¿cuáles serían nuestras posibilidades de poder mantener un cierto bienestar?, ¿olvidarnos de todo y hacer como que no pasa, metiendo la cabeza en la arena? Definitivamente, sería la postura menos conveniente.

¿Hacer de nuestro día a día un canal de noticias, donde se estén transmitiendo en nuestro cerebro todas las cifras, las noticias de decesos, de crisis y lo que esto conlleva? Si queremos caer presas del estrés y todos sus daños, tenemos en esta segunda postura una excelente forma de lograrlo.

¿Cuál sería otra alternativa? Vivir con atención y con intención. ¿Atención a qué?, a nosotros mismos, a nuestro momento presente, a nuestras sensaciones corporales sin perdernos en los pensamientos del pasado y del futuro. Si nos detenemos un momento y nos concientizamos de que estamos leyendo estas líneas, seguramente es porque, aquí y ahora (no sabemos qué sucederá en el siguiente segundo, nadie lo sabe) estamos vivos y funcionales. En este momento, poder sentir esa vida que somos es poderosamente sanador. Si pensamos un poco, podremos ver que no importa la edad que se tenga, siempre se quiere vivir más; a menos, claro, que la calidad de vida sea tan precaria y lastimosa que pueda haber quien prefiera concluirla.

Sin embargo, lo natural es querer seguir viviendo; lo paradójico es que el momento del que se dispone generalmente no se disfruta. ¿Por qué? Porque estamos perdidos en el pasado o en el futuro, lejano o inmediato. Entonces, ¿para qué queremos cien años si estaremos dormidos en ellos?

Con atención... y con intención de lograr nuestras metas, personales, espirituales, familiares, laborales, pero recordando algo que se nos suele olvidar: podemos influir en las acciones, pero no en los resultados.

Recordar esto nos permitirá hacer planes, sin tener expectativas.

Práctica

En esta semana, escribe un plan que tengas en tu vida para desarrollarlo a largo plazo. Una vez que lo visualices, pregúntate qué es lo que necesitas para lograrlo y trata de ser muy detallista en lo que escribas.

Ahora, piensa qué te sucedería si eso que has planeado no ocurre, si por más que te esfuerces no lo logras. Trata de verte en el tiempo sin haberlo conseguido y pregúntate honestamente...: si no consigo ese proyecto, ¿podré ser feliz?

Reflexiona acerca de tu respuesta.

Es tiempo para la compasión

«La compasión es el néctar de un corazón comprensivo».

La empatía que se genera cuando somos testigos del dolor o el sufrimiento de los seres vivos y el impulso natural de querer ayudarlos a reducir su malestar es lo que se define como compasión.

Los seres humanos necesitamos activar y fortalecer esta capacidad, que nos permitirá sortear de una forma resiliente y madura los momentos complejos e inciertos.

La compasión suele ser bloqueada, porque cuando nos vinculamos con el dolor o el sufrimiento nos sentimos física y emocionalmente mal. El querer forzar la vida para que las cosas cambien para bien de quien dirigimos nuestra compasión nos suele llevar a la frustración. Cuando la adversidad se prolonga, va generando que nos vayamos alejando de esos seres que necesitan una mano que los apoye en sus momentos críticos.

El dalái lama suele decir: «Si quieres ser feliz, practica la compasión; si quieres que los demás sean felices, practica la compasión». Es una garantía de bienestar psicológico y físico; de hecho, el mismo líder espiritual afirma: «Aunque sea por egoísmo, sé compasivo, ya que la compasión genera un gran bienestar en la salud integral».

Sin embargo, ¿cómo ser compasivo y no naufragar en el mar del sufrimiento y la frustración? En primer lugar, hemos de entender que todos nos necesitamos y que así como cuando vivimos nosotros algo adverso requerimos el apoyo de los demás, también podemos ser nosotros agentes de cambio, para el bienestar de los que nos rodean.

En segundo lugar, tenemos que entender que el malestar es algo humano y no por evitarlo dejará de generarse. Tarde o temprano debemos enfrentar la adversidad, por lo tanto, vincularnos con quienes nos necesitan, aunque los vivamos con malestar, nos permitirá aprender a estar con ese estímulo y nos fortalecerá.

Y por último, hemos de entender que la vida es frágil y que los procesos de enfermedad y muerte forman parte de ella. Por eso, apoyar sin esperar que las cosas vayan como queremos, sino aceptando que la vida tiene sus propios procesos, evitará frustrarnos cuando, a pesar de nuestro esfuerzo, el malestar siga o sea tan grande el sufrimiento en el mundo que obviamente no podremos involucrarnos en todo.

En consecuencia, activa y ejerce la fuerza compasiva que ya está en ti, comprendiendo que, en estos momentos de crisis global, el esfuerzo por sanarnos debe ser de todos y hacia todos. Solamente unidos y concientizándonos del gran poder que podemos ejercer cuando la masa crítica de la compasión aumente será el parteaguas para comenzar a reconstruir nuestro enfermo planeta. Si te sientes desbordado, solo respira atento y conéctate al presente, para que la serenidad te aporte la fuerza de continuar tu viaje compasivo, un viaje que le dará un profundo sentido a tu vida.

Práctica

En esta semana, destina diez minutos para sentarte cómodamente, con la espalda erguida y cierra tus ojos. Lleva tu atención a la respiración durante tres minutos (solo calcúlalos) y piensa en una persona que ames, imaginándola con el mayor detalle posible. Al imaginarla, envíale mentalmente las siguientes frases:

> «Que estés feliz».
> «Que estés en paz».
> «Que estés libre de sufrimiento».

Al día siguiente, haz lo mismo pensando en una persona neutra. Luego, en alguien que te haya afectado, y al siguiente día en una persona a quien hayas lastimado. Repite el ciclo.

Esta es una de las meditaciones que más fortalecen nuestra capacidad compasiva.

Vivir sin esperar

«Ningún sueño, por hermoso que sea,
se compara con la grandeza del momento presente».

Mucho de lo que deseamos alcanzar o que queremos que termine no sucede inmediatamente, sino después de un proceso de condiciones que se va gestando en el transcurso del tiempo. También sabemos que mucho de lo que esperamos nunca sucede.

Por lo tanto, la espera es algo necesario para poder ver cumplidos muchos de nuestros objetivos. Sin embargo, hay un dicho popular que dice: «el que espera desespera».

Lo anterior se refiere a que si colocamos nuestro bienestar en algo que aún no existe, si nos decimos a nosotros mismos: yo seré feliz cuando…, entonces la espera se vuelve una losa pesada de cargar.

Nuestra sociedad de consumo es especialista, y cuando digo especialista lo digo en sentido literal. Así como un médico general que se especializa en cirugía, por ejemplo, tiene que estudiar más años además de su licenciatura inicial. De igual modo, las personas que tienen influencia en la masa de la sociedad de consumo han estudiado la forma de vendernos necesidades donde no las hay. La mayoría son increíblemente absurdas, pero en ellas ponemos nuestra ilusión para lograr nuestro bienestar.

Por ejemplo, un padre de familia puede decir: «Yo seré feliz cuando mi hijo termine su carrera» o «yo seré feliz cuando me jubile» e infinidad de etcéteras. Pero ¿es verdad esto? Cuando el hijo termine de estudiar, es algo que nada tiene que ver con la felicidad, sino con algo impuesto por nuestra sociedad, que nos dice: «tienes que ser alguien». El padre se dará cuenta de que después será feliz cuando su hijo encuentre un empleo, y al llegar su tan esperada jubilación se dará cuenta de que hay algo más que debe esperar, y esto nublará el júbilo de su jubilación.

Sin embargo, ¿y si vivimos sin esperar? Sin esperar a ser ricos o famosos o iluminados para ser felices. Sin esperar que cada uno de nuestros seres queridos se establezca en una seguridad ilusoria.

Aunque sin esperar no quiere decir no tener proyectos o planes, no se trata de no ahorrar para nuestra vejez o de no mirar hacia nuevos horizontes, se trata de planear y de soltar.

Lo importante es entender que la vida, nuestra vida, es completa tal y como estamos en este momento. Podemos planear lo que queramos, pero la felicidad, esa sensación de plenitud total que trasciende el tiempo y el espacio, no está en la culminación de ningún acto, sino en el aquí y ahora, llenando cada uno de nuestros momentos y sensaciones.

Vivir sin esperar para ser feliz es una liberación total de las expectativas que nos corroen. Nos venden la ilusión de que para ser completos necesitamos de alguien o de algo. Así que ¡despierta! Eres la felicidad disfrazada de persona...

¡Disfrútate ahora!

Práctica

En esta semana, destina diez minutos para sentarte cómodamente, de preferencia con tu espalda erguida. Cierra tus ojos, lleva tu atención a la respiración durante tres minutos (solo calcúlalos) y, cuando te sientas estable en tu respiración, pregúntate:

> ¿Qué me falta en este momento para ser pleno?

Y si llega una respuesta de algo faltante. Pregúntate:

> ¿Realmente necesito (piensa en lo que crees necesitar) para ser feliz?

Reflexiona sobre tu respuesta.

Volver a empezar

«Tus errores son el abono
que nutre la tierra de tu crecimiento».

¿Cuánto tiempo y energía perdemos en culparnos, reclamarnos y juzgarnos por nuestros errores? ¿Acaso alguna de estas tendencias cambia para bien nuestro estado de ánimo?

El ser humano es perfectamente imperfecto y todos nos hemos equivocado y nos seguiremos equivocando. La vida es tan compleja que, al estar involucrados en gran cantidad de procesos, tanto personales, familiares, como laborales y sociales, será inevitable caer en fallos de mayor o menor grado.

Considerar lo anterior no significa caer en la autoindulgencia y en el desinterés por hacer las cosas de la mejor manera posible. ¡Al contrario! Se trata de ser impecables en nuestras acciones, pero considerar que somos humanos y que llevamos en nuestros genes el sello del error.

Esta afirmación no pretende colocarnos en la postura de víctima, sino en una de objetividad, claridad y humildad ante la vida. Si somos conscientes de nuestros errores, lograremos ver las áreas de oportunidad y crecer a partir de ellas.

Sin embargo, si nos machacamos con que nos hemos equivocado, flagelándonos con autorreproches, solo lograremos aumentar nuestro malestar psicológico y, obviamente, repetiremos patrones desfavorables, cayendo en un círculo vicioso.

Por fortuna, mientras estemos vivos, todos podemos empezar de nuevo. El cerebro es neuroplástico y con el tiempo y la práctica adecuadas podemos lograr profundos cambios para nuestro bienestar.

Muy probablemente, habrá daños que hemos hecho a otros o a nosotros mismos que no se pueden cambiar ni modificar. Lo que sí podemos es evitar seguir repitiendo ciertos procesos en nuestro día a día.

No se trata de alcanzar una quimérica perfección, sino de lograr aprender de nuestros errores y, en la medida de nuestras posibilidades, no volver a cometerlos. ¿Cómo hacerlo?

Para lograr un cambio necesitamos valor, honestidad y atención plena como ingredientes principales. Debemos reconocer de manera total y objetiva nuestros errores, que se vuelven evidentes cuando volteamos a ver si hemos dañado a otros o a nosotros mismos.

En ese momento, es relevante comprender que hicimos eso, porque, de acuerdo con nuestro estado mental, no podíamos hacer otra cosa. Esto no es justificarse, solo es darse cuenta de que actuamos conforme a nuestra capacidad y que a cada acción le seguirá una reacción.

En consecuencia, debemos ser valientes para enfrentarlo. Entonces, debemos agregar la capacidad de conectarnos al presente, para a partir de ahí decidir crecer. Lo lograremos, que no te quepa duda, solo que ese crecimiento, como todo lo que vale la pena, lleva su tiempo.

No desistas si deseas que la vida te sonría, antes tienes que hacer los méritos para lograrlo. Esos méritos comienzan por abrazar la realidad y empezar otra vez.

Práctica

Toma una postura estable y cierra los ojos, respirando con atención durante diez minutos.

Ahora, recuerda alguna situación desfavorable en la que generaste una acción torpe, piensa en quiénes estaban involucrados con total detalle.

Entonces, di mentalmente: «Reconozco mi acción torpe y me comprometo a no volver a realizarla».

Repite mentalmente esta frase en tres ocasiones y regresa por cinco minutos a tu respiración y termina tu práctica.

El poder de la aceptación

«Cuando dejes de luchar contra la realidad,
comprenderás sus más profundas enseñanzas».

Aprender a ver la realidad tal y como es, y no como quisiéramos que fuera, nos brinda una poderosa liberación.

La aceptación es un arte, porque es la capacidad de mantener un estado de apertura y relajación ante una adversidad que no se puede cambiar. Nos permite comprender que la vida no tiene por qué cumplir todos nuestros antojos y anhelos, y que así también está bien.

Los seres humanos luchamos constantemente para lograr nuestras metas, en el entorno familiar, escolar, laboral y social. Buscamos modificarlo tanto como a nosotros mismos, para poder sortear obstáculos y alcanzar logros, lo que es muy favorable y necesario.

Durante la vida vamos avanzando y logrando unas cosas y perdiendo otras. Generalmente, las pequeñas pérdidas duelen, pero las olvidamos al vivir otra ganancia. Así vamos viviendo, pero… ¿qué pasa cuando una pérdida es algo muy importante para nosotros, algo esencial en nuestra estructura de vida? Cuando la vida nos sacude con la muerte de alguien querido, con el engaño de un ser amado, con el despido de un trabajo que necesitamos… ¿A qué nos agarramos?

A veces, podemos negar la situación, buscando una realidad menos dolorosa, pero en seguida nos damos cuenta de que no la hay. Asimismo, generamos resentimiento y enojo, buscando culpables y amargamos nuestra vida con argumentos de cómo deberían ser las cosas o las personas, pero eso no cambia la realidad. También podemos sentirnos víctimas ante la situación y caer en frustración y apatía, lo que nos quitará paz y bienestar.

¿Qué nos queda?, ¿la resignación? La palabra resignación lleva una connotación de invalidez, de un «pues ni modo, ya qué». Esta postura baja nuestra energía y, aunque se deja de luchar exteriormente contra la realidad, interiormente se vive un proceso de vulnerabilidad sin buscar una observación objetiva de la vida.

Por otro lado, tenemos la aceptación, la capacidad de darnos cuenta claramente de que la situación es irreversible. Con objetividad y regulando nuestras emociones, conseguiremos la sabiduría para ver que las cosas que nos están sucediendo son perfectas, porque forman parte de una estructura mucho más grande que es la vida misma, que necesita esa situación para ser como es.

Nos daremos cuenta de que la vida es más sabia que nosotros, porque el todo es más sabio que su parte. Así aprenderemos a soltar y a fluir con esa realidad, que no es lo que mi mente quiere que sea, por la sencilla razón de que la vida no puede ser como la mente quiere porque... ¡cada mente quiere algo diferente!

La aceptación es quizá una de las capacidades más liberadoras que puede alcanzar un ser humano para su paz interior y su lucidez. No es dejar de luchar, es ser sabio para entender cuándo dejar de hacerlo.

Práctica

Durante esta semana, trata de hacer todos los días el siguiente ejercicio.

Siéntate en un lugar tranquilo de tu hogar o en un entorno natural y cierra los ojos llevando tu atención a la respiración por diez minutos aproximadamente. Después de este tiempo, sigue respirando con atención y agrega las siguientes frases coordinándolas con tu respiración.

Al inhalar: «Nada que lograr».

Al exhalar: «Nada que conseguir».

Sigue respirando así por diez minutos más y al final abre los ojos y agradécete por este tiempo dedicado a nutrir tu aceptación.

Las frases dichas en este ejercicio se refieren a que no tienes nada que lograr, nada que conseguir para ser feliz, puesto que la felicidad es tu propia naturaleza.

Buscando la felicidad

«Tú eres la felicidad disfrazada de carencia».

El ser humano tiene como búsqueda común el ser feliz; sin embargo, definir qué es felicidad puede ser un buen comienzo para esa búsqueda.

El concepto de felicidad en el diccionario de la Real Academia Española se define como un estado del ánimo que se complace en la posesión de un bien.

Como se puede ver en esta definición, la felicidad está conectada a un logro. Si tengo, si alcanzo, soy feliz; si no, en consecuencia, no lo soy. Por lo tanto, debo perseguir esa posesión, ya sea económica, académica, relacional, artística, deportiva para ser feliz. Todo el esfuerzo por alcanzar esas metas se verá recompensado por el éxtasis o la felicidad que se generará cuando lo logre.

Sin embargo, esta felicidad tiene una trampa, bueno, varias; la primera trampa es que me dice que se generará cuando logre algo. Entonces, este estado de bienestar no depende solo de mí, sino de algo o alguien que está afuera de mí y que, si obviamente no está, mi felicidad no existirá.

La segunda trampa es algo que seguramente has experimentado cuando logras lo que buscabas para ser feliz, porque siempre aparece otra cosa que perseguir para volver a serlo. Incluso esa cantidad en el banco, ese título, esa medalla, esa persona, ya no son tan atractivas como lo eran antes de tenerlas, por lo que volvemos a amarrar la zanahoria en la punta del palo para así alcanzar nuestra felicidad.

La tercera trampa es que mucho de lo que para nosotros es generador de felicidad termina siendo generador de sufrimiento. Respecto a esa casa que tanto nos gusta y cuya adquisición nos hizo tan felices nos damos cuenta de que se deteriora y se va quedando vacía. También, que ese reconocimiento que ganamos nos obliga a no dejar de esforzarnos por sostener las expectativas de quien nos ha reconocido.

Llegamos a la cuarta trampa: la felicidad no es algo que venga de afuera hacia adentro, sino que es algo que se genera de adentro hacia afuera.

La felicidad, la auténtica felicidad no depende de qué tenemos o qué logramos, sino de cómo percibimos nuestra existencia.

Si creemos que somos ese yo separado del resto, ese ego, que es una ilusión mental, no importa lo que logremos, ni el placer sensorial que experimentemos, siempre nos sentiremos carentes ¿Aún no te das cuenta de eso?

De esta forma, sabremos que la felicidad no la da la ausencia de enfermedad ni la seguridad financiera, sino que la felicidad somos nosotros mismos, distrayéndonos de nuestra verdadera esencia, solo para regresar y darnos cuenta de que ya tenemos todo lo que necesitamos para ser felices, pues nos tenemos a nosotros mismos. Ese es el único ingrediente que necesitamos para ser plenos.

Decía el místico Rumi: «¡Deja de andar con esa cubeta vacía buscando a quién ordeñar: ¡eres un manantial de leche!».

Práctica

Durante esta semana, trata de realizar todos los días el siguiente ejercicio.

Siéntate cómodamente, cierra los ojos y lleva la atención a tu respiración durante diez minutos.

Posteriormente, date cuenta de tu cuerpo, de tu sensación de estar viviendo, de la energía que fluye dentro de ti, deja que esta sensación te impregne y piensa si esa energía es provocada por algún logro o es tu propia naturaleza.

Reflexiona sobre ello.

Meditar para liberarse

«Cuando meditas, te nutres del universo».

Todos los seres humanos sufrimos, lo que nos genera la necesidad de buscar estrategias para vivir fuera de la prisión de nuestro malestar psicológico, pero existe una herramienta poderosa para lograrlo: la meditación.

La meditación es un arte, una práctica que se pierde en los tiempos más lejanos de la humanidad. Sin embargo, existen diferentes propuestas que reciben el nombre de meditación, y no todas estas alternativas tienen una evidencia científica que avale sus beneficios.

Por lo tanto, es necesario definir qué es meditar desde el enfoque del mindfulness, una capacidad humana que genera grandes beneficios en quien la ejercita.

Cuando hablamos de meditación en la filosofía y psicología basadas en mindfulness, hablamos de una práctica que consiste en tomar una postura estable, preferentemente con los ojos cerrados, enfocándose en el momento presente.

El enfoque puede hacerse de manera unipuntual, por ejemplo, llevando la atención a la sensación de la respiración.

También puede hacerse de atención abierta, esto es, mantener un estado de atención a todo estímulo del que nos demos cuenta.

Diversos estudios en neurociencia han demostrado que, si meditamos veinte minutos todos los días, cuando llevemos aproximadamente seis semanas de práctica, nuestro cerebro estará generando cambios anatómicos y funcionales que nos provocarán beneficios sostenibles. Se reducirá el estrés, así como la ansiedad, disminuirá el enojo y el miedo, aumentará nuestra capacidad de atención y nuestra inteligencia emocional, mejorará el control de los impulsos y se fortalecerá nuestra gratitud y compasión.

La meditación, para dar beneficios, solo necesita tiempo y perseverancia en la práctica, pues las flores de la plenitud, la dicha y la serenidad brotarán en ti como consecuencia del proceso de sentarte todos los días a practicar.

Así que te invito a que pruebes esta poderosa herramienta. Te darás cuenta de que tienes un gran poder para lograr estabilizar tus emociones y experimentarás un equilibrio interior ante las adversidades.

Meditar no es algo exótico, ni místico, porque meditar es la gracia de poder vincularse directamente con el eterno momento presente. Así accedemos a una sabiduría que nos brindará muchos momentos en los que saldremos airosos de alguna adversidad sin «rasparnos» psicológicamente y, en consecuencia, tampoco físicamente, ya que mente y cuerpo funcionan como un todo.

Práctica

Te invito a empezar ya a meditar, comienza todos los días a buscar un momento y un lugar donde puedas sentarte sin ser interrumpido por diez minutos aproximadamente.

Entonces, lleva tu atención solamente a tu respiración, no la cambies, no la modifiques; si te distraes (lo que pasará), regresa, y así solo date cuenta de que respiras y las puertas de la plenitud se abrirán ante ti.

Perdonar para sanarse

«Cuando logras perdonar,
te liberas de las cadenas del resentimiento».

La herida mental del agravio daña más que el agravio mismo, pues pueden engañarnos un día, pero podemos recordar el engaño todos los días durante mucho mucho tiempo.

El dolor es inevitable, el sufrimiento es opcional, dice una frase atribuida al Buda. Esta frase se refiere a que cuando vivimos dolor, sufrir por ese dolor depende de nosotros.

Entre las causas de dolor se encuentra la generada por las relaciones interpersonales, porque una situación de malestar provocada por una fricción con otro ser humano es inevitable.

Si vivimos en sociedad, en familia, trabajamos con colaboradores, más temprano que tarde surgirá una discusión, una acusación, un malentendido, etc.

¿Por qué surge generalmente un conflicto interpersonal? Porque somos especialistas en generar expectativas, y cuando contactamos con alguien, esperamos algo de él o ella, y cuando ese algo no se da o no está a la altura de lo que nosotros creemos que merecemos, surgen las frases como: ¡esperaba más de ti!, ¿cómo es posible que no me comprendas? Finalmente, ¿cuál es la emoción derivada de esa expectativa frustrada? El resentimiento.

El resentimiento es un sentimiento recurrente de disgusto o enfado hacia alguien, por considerarlo causante de cierta ofensa o daño.

Este sentimiento se manifiesta en palabras y actos hostiles o en un distanciamiento intencional hacia quien se dirige. Muchas veces el resentimiento va creciendo y da pie al rencor, que se produce cuando se le agrega el deseo de dañar a la otra persona.

En consecuencia, es un sentimiento que nos desgasta muchísimo, pues creemos que, al estar resentidos hacia alguien, le castigamos. Sin embargo, muchas veces la persona ni siquiera ocupa su tiempo en recordar el agravio, y nosotros nos consumimos con ese pensamiento y con las emociones que lo acompañan.

Entonces, ¿por qué no soltar esa ofensa?, ¿por qué no darle la vuelta a la página y seguir con una vida plena? Vaya… ¿Por qué no perdonar?

El perdón es una de las capacidades más poderosas para sanarnos interiormente. Perdonar no es reconciliarse con la persona si la situación es insalvable. Aunque sí es posible soltar totalmente la ofensa percibida y entender que por el solo hecho de ser seres humanos estamos expuestos a vivir roces y contratiempos.

Debemos entender y ser lo suficientemente sabios y humildes para comprender que todas las personas nos equivocamos y que en esos errores podemos lastimar a muchas personas. Pero también debemos saber que los humanos podemos aprender de los errores y crecer a partir de ellos.

Así que, si en este momento sientes resentimiento hacia alguien, suelta esas novelas mentales que a nadie ayudan y libérate del peso de la losa de no aceptar a las personas tal y como son. Como dijo Gandhi: perdonar es un atributo de los fuertes.

Práctica

Durante esta semana, trata de realizar todos los días el siguiente ejercicio.

Siéntate cómodamente, cierra los ojos y lleva la atención a tu respiración durante diez minutos.

Posteriormente, piensa en alguien hacia quien sientes resentimiento, imagínale con el mayor detalle posible y mentalmente dile estas palabras:

«Consciente del daño que me has causado y porque deseo mi sanación, te perdono por el agravio cometido».

Mientras respiras con atención repite mentalmente la frase anterior en tres ocasiones y regresa a tu respiración unos tres minutos más para terminar tu práctica.

Reflexiona sobre cómo te sientes.

Agradecer es reconocer

«La vida nos da regalos;
de unos disfrutamos y de otros aprendemos».

Si bien es cierto que hoy millones de personas en el mundo hemos perdido a seres queridos por esta pandemia, y más serán los que se seguirán sumando, si la gratitud asoma, nos aligerará el camino.

Hemos atravesado tiempos de crisis, de pérdidas y de confusión, pero también millones de personas gozamos de condiciones que eran inimaginables para las generaciones anteriores. También, desgraciadamente inimaginables para los sectores desfavorecidos de nuestro tiempo.

Resulta paradójico que, en muchos casos, sean precisamente las personas que viven en las condiciones más favorables las que más se quejan. Obviamente, no en todos es así, pero tampoco es algo excepcional que así sea.

Si eres de las personas que durante los meses de pandemia se han visto superadas por el miedo ante la enfermedad, mientras abrías el grifo de tu regadera para lavar tu cuerpo con agua limpia, a la temperatura que deseabas, no eres de los millones que, para llevar agua, ya no para ducharse, sino para beber, tienen que recorrer kilómetros con un par de cubetas a cuestas. Por ese motivo, debería generarse gratitud.

Si eres de las personas que recuerda molesto que tuvo que reagendar un vuelo, mientras trabajas por Internet desde tu casa, eres del 60 % que tiene Internet. Entonces, no eres de los 15 millones que se han quedado sin empleo por la pandemia y estás entre el 30 % de las personas que pueden viajar en avión, lo cual podría generar gratitud.

Si eres de las personas que se queja por usar cubrebocas y gel sanitizante y añora que la vida sea como antes de la pandemia, eres de los que aún, en este momento (no sabemos hasta cuándo), respiramos por nuestros propios medios, lo cual podría generar gratitud.

Y ¿por qué generar gratitud? Este sentimiento es muy poderoso, la gratitud nos permite revalorar nuestra vida y darle sentido, a pesar de las adversidades. Pero no de forma inocente o evasiva, sino viendo que, como dice el doctor Jon Kabat Zinn, mientras respiremos hay más cosas favorables que desfavorables en nuestra vida.

Tal vez hemos perdido a un ser querido y duele, y mucho, por supuesto, pero ¿cuántos más siguen con nosotros, a quienes podemos disfrutar plenamente? No se trata de olvidar al que ya no está, sino de generar equilibrio interior para experimentar una tristeza serena ante la pérdida, pero júbilo y agradecimiento por los que aún nos acompañan en esta aventura llamada vida.

La gratitud genera un equilibrio interior que nos permite vivir la vida como lo que es: un regalo, pues con nosotros o sin nosotros seguirá siendo maravillosa. Nuestra presencia no le suma ni le resta, por lo que toda queja es una pérdida de tiempo y de energía. Por eso, si en lugar de quejarnos, agradecemos y aprendemos, estaremos disfrutando del regalo de estar vivos.

Práctica

Durante esta semana, trata de realizar todos los días el siguiente ejercicio.

Siéntate cómodamente, cierra los ojos y lleva la atención a tu respiración durante diez minutos.

Posteriormente, piensa en la persona que te cuidó de pequeño, imaginándola de la manera más clara posible y di mentalmente lo siguiente tres veces:

«Me siento agradecido por los cuidados de... (diciendo su nombre)».

Ahora, piensa en alguien que te esté acompañando en estos momentos en tu vida y mentalmente di lo siguiente tres veces:

«Me siento agradecido por la compañía de... (diciendo su nombre)».

Una vez que hayas terminado de decir estas frases, piensa en algo más por lo que te sientas agradecido y reconócelo mentalmente.

Cuando comas, come

«Acude conscientemente al banquete de la vida».

La alimentación tendría que ser un momento para honrar al cuerpo. ¿Lo honramos o lo castigamos con alimentos no sanos y dañinos?

Hoy en día, la alimentación en la sociedad occidental es desequilibrada en cantidad y calidad. Aunque es cierto que a muchas personas su ingreso les impide tener acceso a una alimentación digna, la mayor parte del problema en cuanto a la alimentación en las grandes zonas urbanas no es la escasez, que, por supuesto existe y mucha, sino la obesidad y el sobrepeso.

Mucho de nuestro sobrepeso viene de las prisas y de la falta de atención a las actividades realizadas, por una falta de atención al momento presente.

Comer en forma consciente es un verdadero arte. Tener la capacidad de sostener los sentidos en el alimento, mientras se ingiere, es un acto heroico. Generalmente, nos alimentamos con prisa, mirando el móvil, el periódico, la televisión. Estamos muy, pero muy lejos del sabor, el aroma, el color y la textura de esos alimentos que están siendo ingeridos por nosotros.

¿Y qué beneficio tiene el comer consciente? Son varios los beneficios.

Primero: permite que seamos conscientes de la calidad del alimento que ingerimos, ya que así vemos si es o no sano para nosotros, por sentido común, más allá de algún conocimiento en nutrición.

Segundo: permite que mastiquemos meticulosamente la comida, para que pueda ser deglutida con mayor facilidad. Así, nuestro estómago podrá digerir y procesar fácilmente los alimentos.

Tercero: podremos darnos cuenta de si estamos satisfechos, ya que si comemos de una manera atenta permitiremos que las señales bioquímicas de saciedad lleguen al cerebro.

Finalmente, estaremos disfrutando de nuestro alimento y honraremos a ese alimento que formará parte de nuestro cuerpo, ayudándonos a generar energía, así como pensamientos y emociones sanas y positivas.

Sin embargo, esta actividad debe ser generada por nosotros en un esfuerzo consciente por mantenernos plenos. Esto requiere maestría; ser maestro de uno mismo es paulatinamente liberador y maravilloso. Comer con atención puede ser una puerta de entrada a la plenitud.

Comenzar a comer consciente vale la pena, pero es importante ser cauto y realista, pues esta actividad requiere que vayamos de menos a más.

Comprender lo anterior es fundamental, porque nuestro cerebro tiene arraigados circuitos muy conocidos y utilizados por nosotros. Estos circuitos al contacto de un estímulo visual u olfativo o incluso mental (pensar en una rebanada de pastel) detonan en ese momento el estímulo para conseguirlo. Entonces se desata una tormenta química en nuestro sistema nervioso, ya que tiene la intención de conseguir lo que está deseando. Por eso la práctica del mindfulness permite sortear esos momentos críticos sin hundirnos.

Práctica

Durante esta semana, todos los días come cinco minutos con total atención (no veas tu celular, no veas televisión, no charles con nadie) solo una vez cada jornada. Así podemos ir aumentando cinco minutos por semana hasta llegar a que veinte minutos estén dedicados totalmente a comer con plena consciencia.

Si cuando comas, comes, y cuando duermas, duermes, estarás encontrando una armonía que te dará beneficios profundos y sostenibles.

Aprender a disfrutar de nuestros dones

«No desperdicies ni un momento
para disfrutar y aprender de ti mismo».

Cada criatura viviente tiene en su misma naturaleza capacidades y fortalezas que le han sido dadas por la sabiduría del universo. ¿Utilizas las tuyas de forma adecuada?

Antes de escribir este capítulo, me llegó el recuerdo de un gurú indio de yoga, misticismo y meditación. Entonces, busqué uno de sus breves videos y el que elegí me hizo reflexionar y me motivó a escribir lo que aquí comparto.

Cuando este maestro hablaba frente a una gran audiencia, un joven de entre el público le preguntó: «¿Cómo podría recuperar mi chispa por vivir?». Ante la pregunta, el maestro sonrió, como suele hacerlo, de forma pícara, y comenzó diciéndole: «¿Has visto lo que hace una hormiga cuando quieres aplastarla? ¡Corre! Pues ella tiene chispa por vivir».

Y continuó diciendo: «Tú, joven amigo, que como ser humano representas la cúspide de la evolución, que tienes el sistema nervioso más desarrollado de todo el reino animal, dices que te falta chispa por vivir».

Tenemos dos maravillosas capacidades, siguió comentando el maestro, la capacidad de recordar y la capacidad de planear. Podemos ir al pasado y recordar momentos maravillosos, y también podemos hacer grandes proyectos, y, hasta donde se sabe, eso solo lo hacemos los humanos.

¡Y las personas sufren por sus capacidades! El problema de la falta de chispa por vivir es que tienen mezcladas sus capacidades, la de recordar, la de planear y la de estar atento al momento presente.

Cuando vi este video, me pareció una forma muy práctica de describir el motivo de nuestro sufrimiento o, como dijo el joven, nuestra falta de chispa por la vida.

Esa falta de chispa aparece cuando nos perdemos en el pasado o en el futuro, pero de forma inconsciente. Cuando dejamos de anclarnos con el aquí y el ahora y nos confundimos entre lo que es, lo que fue y lo que quisiéramos que fuera o no fuera. Ante tanta confusión: ¿cómo no vamos a perder energía?

Entonces, la propuesta es esforzarnos por mantenernos alertas, para estar despiertos ante el concierto de la naturaleza. La vida momento a momento nos ofrece infinidad de escenarios, donde podemos cautivarnos o que podemos explorar. Algunos son tremendamente favorables y excitantes, y otros, más discretos y retadores.

La chispa de la vida se genera cuando estamos dándonos cuenta de que la vida es en sí una chispa de momentos presentes. Es cierto que podemos recordar, lo que es una gran capacidad; planear también es formidable. Pero nunca debemos olvidarnos de que estamos presentes. La vida está aquí, para ti, o, dicho de otra forma, eres tú mismo, la chispa de la vida creyendo, que se está ya consumiendo.

Así que debes darte cuenta de que este momento es irrepetible. Vívelo en plenitud, porque nadie puede hacerlo por ti.

Práctica

Durante esta semana, trata de realizar todos los días el siguiente ejercicio.

Siéntate cómodamente, cierra los ojos y lleva la atención a tu respiración durante diez minutos.

Posteriormente, piensa en cuáles son tus fortalezas, enumera mentalmente tres y si puedes hazlo con una frase breve:

Tengo el don de ser… (honesto, paciente…).

Una vez que reconozcas mentalmente tus dones, felicítate por ellos y abrázate con total atención, sintiéndote durante un par de minutos. Posteriormente, termina el ejercicio y reflexiona sobre cómo te sientes.

Viviendo entre avestruces

«Dar la espalda al sol no logrará apagarlo».

Hoy más que nunca, al menos en estos tiempos, necesitamos ver de frente la realidad para encontrar formas maduras y valientes de enfrentarla.

Hay un refrán muy conocido que dice: «el que con lobos anda a aullar se enseña», que también podría solaparse con este: «el que con avestruces anda, a meter la cabeza en el hoyo se enseña».

Aunque es bien sabido que el hecho de que los avestruces metan la cabeza en un hoyo cuando tienen miedo es un mito. Lo que sí es cierto es que este mito representa fielmente la postura que están tomando una gran cantidad de personas ante la crisis sanitaria-económica-social que enfrenta la humanidad completa.

Al darnos cuenta de que la situación es compleja, confusa y riesgosa, tomamos la postura de no querer saber de ella y «que sea lo que Dios quiera». Pero está de más decir y, con solo leer estas palabras nos damos cuenta, si no lo habíamos hecho, que esta postura es absolutamente infantil e irresponsable.

Sin embargo, al decir infantil e irresponsable, no lo digo en tono moral, ni como juicio reprobatorio, sino que lo digo en el sentido literal de ambas palabras, como explicaré enseguida.

En psicología, está bien comprobado que cuando estamos viviendo una crisis, ya sea personal o global, el cerebro toma posturas muy definidas entre las que destaca la evasión, para no ver la adversidad de manera frontal, lo que genera algo llamado regresión.

Con este término, nos referimos al hecho de que ante alguna adversidad regresamos a la etapa infantil, donde buscamos la protección de nuestros padres, más específicamente de la figura paterna. No es casualidad que la imagen de alguien superior en otro plano, o Dios, sea una imagen masculina.

El cerebro humano se desarrolló durante miles, sí, miles de años, en un entorno rodeado de depredadores, donde los roles de los grupos de convivencia eran muy definidos. El hombre buscaba sustento, peleaba contra las fieras, protegía literalmente a la prole de los ataques, en los que podían morir todos los miembros. Por eso, la imagen del padre protector quedó indeleblemente grabada en nuestra psique, generación tras generación.

Por otro lado, cuando la realidad es adversa, es típico decir esto no está pasando. Así como es psicológicamente esperable no ver las cosas, ya que es una forma de reaccionar del cerebro, cuando se están viviendo situaciones difíciles.

Todo lo anterior es tan sutil y está tan elaborado por nosotros que muchas veces tomamos la postura del valiente que dice: que pase lo que tenga que pasar o la del gracioso que suelta «el muerto al pozo y el vivo al gozo». Al final, terminamos creyendo, superficialmente, que todo estará bien, mientras desviamos la mirada de la realidad, lo cual, no está de más decirlo, es una postura irresponsable.

Práctica

Durante esta semana, trata de realizar todos los días el siguiente ejercicio.

Siéntate cómodamente, cierra los ojos y lleva la atención a tu respiración durante diez minutos.

Ahora, piensa en alguna situación adversa que sepas en forma consciente que está sucediendo. Puede ser algo inmediato, como una enfermedad de un ser querido o algo de mayor dimensión, como la hambruna en los niños. Trata de imaginar el dolor que tu familiar o estos menores con hambre pueden estar sintiendo, no te resistas a las sensaciones generadas, solo date cuenta de ellas.

Ahora, piensa cómo podrías contribuir a reducir ese sufrimiento y escribe los pasos para lograrlo.

Siéntate y siéntete

«Deja de correr..., ya estás en la meta».

Hoy más que nunca tenemos prisa, corremos desde la mañana a la noche y terminamos agotados al final del día, corremos y corremos, pero ¿adónde vamos?

En una ocasión, leí un libro del maestro zen Thich Nhat Hanh, donde compartía lo siguiente: estaba un hombre parado a la orilla de un camino, en eso ve que su amigo viene a todo galope levantando una gran tolvanera, al pasar por donde él estaba a toda velocidad y sin detenerse el hombre le grita al jinete: «¡Amigo...! ¿Adónde vas con tanta prisa?». A lo que su amigo le contesta: «¡No lo sé!... ¡Pregúntale al caballo!».

Y así como ese hombre andamos muchísimas personas, vamos a toda prisa, pero no sabemos a dónde. Notamos una inquietud desbordante, que solo paliamos con alguna actividad, la que sea, no importa, pues lo que importa es calmar esta ansiedad por hacer algo. Lo paradójico es que lo que hacemos nos lleva a más ansiedad, pues hemos colocado la zanahoria de nuestro bienestar en un palo delante de nosotros y corremos a toda velocidad por alcanzarlo.

De tal forma que no podemos estar tranquilos en donde estamos. Aunque si no es la ansiedad la que nos mueve, lo hace un profundo aburrimiento, un tedio crónico y perenne que nos lleva a buscar nuevos estímulos. Nos lleva a entretenernos en lo que sea, no importa lo vano e infantil, porque lo que importa es que estimule nuestros sentidos con algo diferente.

Sin embargo, ya lo dice una frase «el viaje del descubrimiento no consiste en conocer nuevos lugares, sino en ver con ojos nuevos». Esto es algo totalmente contrario a cómo solemos ver, lo que nos lleva al hartazgo.

Por lo tanto, mi propuesta es que si deseas romper esos círculos viciosos: siéntate y siéntete... Esta frase la utiliza también el maestro zen Dokusho Villalba, abad del monasterio Luz Serena, quien cuando alguien le pregunta cuál es la fórmula para alcanzar estados de equilibrio interior, les dice: «siéntate y siéntete».

Por supuesto que, a tan grande mal, las personas piensan que esa no puede ser una solución seria.

Sin embargo, yo lo he experimentado personalmente y puedo dar testimonio de que lo que dice el maestro Villalba es absolutamente cierto.

Cuando nos sentamos a meditar, sintiendo nuestra respiración, nuestro cuerpo, nuestras sensaciones e incluso nuestros pensamientos o emociones, sin perdernos en ellos, vamos ampliando y ampliando nuestra presencia plena.

Esto nos va generando un estado de bienestar realmente indescriptible, pero lo que sí puedo describir es que nos permite reducir esa ansiedad de andar siempre desbocados o ese malestar de sentirse más aburrido que una ostra. Comenzamos a encontrar una belleza y un sentido en la vida, que graciosamente siempre han estado ahí, pero que lastimosamente nunca los vemos... Así que te invito a empezar hoy: siéntate y siéntete.

Práctica

Durante esta semana, trata de realizar todos los días el siguiente ejercicio.

Siéntate cómodamente, cierra los ojos y lleva la atención a tu respiración durante diez minutos.

Posteriormente, sigue en la misma postura y con los ojos cerrados por cinco minutos más, recorre tu cuerpo con tu atención, zona a zona, dándote cuenta de cómo te sientes, no con juicios, sino con la experiencia directa.

Terminado este tiempo, solo date cuenta de cómo te sientes y continúa con tus actividades.

La felicidad es ahora

«Si el pasado y el futuro son imaginarios y la felicidad es real, ¿podemos encontrarla en ilusiones?».

El sentirnos plenos no se logra, como te has dado cuenta, con alcanzar un propósito específico, por ejemplo, un título universitario. Durante años pensamos que al terminar nuestra carrera seremos felices, solo para darnos cuenta de que una vez que terminamos y celebramos unos días nuestra meta alcanzada, nos sentimos tan carentes de bienestar como antes de concluir nuestro título.

Sin embargo, pensamos: es normal, ya lo logré y he sido feliz por esto. Ahora seré feliz cuando encuentre el trabajo que siempre he querido al terminar mi carrera. Pero comenzamos de nuevo, colocando en la punta de un palo un cordel con una zanahoria y la colgamos frente a nosotros y a seguir en busca de la felicidad, porque ahora llegará cuando tenga un trabajo ideal.

¿Es lo anterior felicidad? Claro que sí, es un tipo de felicidad, llamada hedonismo. La satisfacción de darle gusto a nuestra mente, que quiere conquistar algo externo, ya sea una pareja, una cuenta bancaria, un título, conocer un nuevo país, y un largo etcétera.

También es la felicidad de darle gusto a nuestros sentidos y a nuestro cuerpo. Ver algo que nos gusta, oír una bella melodía, saborear nuestra nieve favorita, un masaje relajante o un orgasmo. ¿Tiene algo de malo esa felicidad? La sensación de bienestar en sí misma no tiene nada de malo, al contrario, es necesaria para nuestro bienestar psicológico y para hacer agradable la vida.

El problema del hedonismo no consiste en el daño que el estímulo genera. ¿Qué daño puede generarnos disfrutar de un partido de fútbol? El daño viene de algo llamado adicción y tolerancia; esto es, que la felicidad hedonista requiere la repetición del estímulo por su misma fugacidad. Esto nos lleva a repetir una y otra vez ese estímulo, hasta que después se vuelve una necesidad para sentirnos a gusto.

Esto es adicción, física o psicológica, para este caso es igual. La necesidad imperiosa de contactar con ese estímulo para sentirnos felices nos lleva a una búsqueda desgastante, que a veces no notamos por la euforia misma de querer lograrlo, pero que, además, genera tolerancia.

Ahora la pregunta: ¿esa felicidad es la única que hay? Por supuesto que no. Pobres de nosotros si para ser felices siempre necesitáramos de muletas. Afortunadamente, existe otro tipo de felicidad, la eudaimonia.

Una felicidad que consiste en un profundo equilibrio interior ante las situaciones favorables o desfavorables. Un tipo de templanza que nos lleva a un sostenible bienestar psicológico.

Práctica

Toma asiento con tu espalda erguida y cierra los ojos durante diez minutos, solo respira con atención.

Ahora reflexiona sobre el hecho de que desde que tenías uso de razón, hasta este momento, todas las ocasiones en las que has sentido un estado de plenitud han sucedido en el momento presente, nunca suceden en otro momento, porque no existe otro momento.

Por lo tanto, si planeas y sueltas tus pensamientos, regresando a experimentar el aquí y ahora, te darás cuenta de que ya están todos los ingredientes para que seas pleno.

Reflexiona sobre ello.

Regresar a casa

«A nuestro cuerpo le suceden cosas maravillosas
a cada momento, pero no hay quien se dé cuenta de ellas».

Tu cuerpo está en el presente, pero tu mente ¿en dónde está? Solemos estar muy lejos de nuestro cuerpo, perdidos en los pensamientos.

Las tradiciones orientales contemplativas suelen decir que el cuerpo es el vehículo de nuestra consciencia, pero este vehículo es muy común que sea descuidado por su propietario, lo que genera estados de malestar e incluso trastornos en la salud.

Generalmente, atendemos a nuestro cuerpo de forma automática, lo levantamos, lo duchamos, lo arreglamos y lo alimentamos de manera bastante mecánica.

Es común que no estemos atentos o que solo llevemos atención al cuerpo cuando nos duele; cuando nos accidentamos es cuando valoramos sus funciones. Desgraciadamente, si caemos en este hábito será más difícil la atención.

Cuando practicamos mindfulness, nos vinculamos con nuestro cuerpo de una forma sabia y consciente. De hecho, si deseamos aprender el arte de la atención plena o mindfulness, iniciamos un ejercicio que llamamos escáner corporal.

En el escáner corporal, la persona se recuesta boca arriba, con sus piernas extendidas y sus brazos a los lados del cuerpo. Cerrando los ojos, comienza a llevar la atención a diferentes zonas de su cuerpo que en el audio se van mencionando durante un tiempo aproximado de veinte minutos, que es lo que dura el ejercicio.

Los testimonios sobre el ejercicio son todo un abanico de comentarios. Aunque son muy diversos de persona a persona, suelen tener el común denominador de un mayor conocimiento, pero, sobre todo, reconocimiento del cuerpo y de sus funciones.

Yo suelo mencionar que este ejercicio tiene tres beneficios.

El primero es que cada vez que estamos atentos al cuerpo estamos conectados al momento presente, ya que, por supuesto, nuestro cuerpo siempre está en el presente. Cuando estamos enfocados en el presente, tenemos apagado nuestro piloto automático y el estrés que este conlleva. Si hacemos un hábito de este ejercicio, a base de la repetición, lograremos apagar el piloto y enfocarnos en el presente con gran facilidad.

El segundo es que vamos aumentando nuestra autoconciencia y nuestra sensibilidad corporal, lo cual es altamente efectivo para detectar algún trastorno en etapas tempranas. Lo anterior es porque muchas veces nuestro cuerpo nos avisa de algún daño, cuando se va iniciando con síntomas muy sutiles que, si no estamos atentos, pasamos por alto, lo que sigue dañándolo. El escáner nos brinda una mayor capacidad de reconocimiento oportuno.

Y el tercero es que aumenta nuestra aceptación a cualquier experiencia, algo que podemos llevar a la vida misma, generando una poderosa ecuanimidad.

Así que, si deseamos alcanzar un mayor bienestar, visitemos más seguido a nuestro amigo el cuerpo y cuidémoslo plenamente.

Práctica

Durante esta semana, recuéstate boca arriba con tus piernas extendidas y los brazos al lado de tu cuerpo. Cierra los ojos, llevando la atención desde las plantas de los pies hasta la coronilla. Por cada zona que vayas sintiendo, ve agradeciendo sus funciones en silencio y comprométete a cuidarla y descansarla.

Este ejercicio lo puedes hacer en veinte minutos aproximadamente. Reflexiona sobre si notas beneficios con él.

Basta de resentimientos

«Si normalizas tu resentimiento, normalizarás tu sufrimiento».

El resentimiento es una losa muy pesada que nos resta calidad de vida. ¿Hasta cuándo seguiremos cargando esta gran roca?

En una ocasión, una de mis estudiantes me platicó en una sesión de mindfulness que estaba muy resentida con su vecina, porque ella no había invitado a sus hijos a la fiesta de cumpleaños de su hijo.

Nunca se lo perdonaré, comentó evidentemente molesta, a lo que yo contesté tratando de tranquilizarla: «Bueno, tal vez se le pasó o su presupuesto era limitado, ya invitará a tus hijos en la siguiente fiesta», a lo que ella respondió inmediatamente: «Imposible, eso pasó hace mucho tiempo, pero cada vez que lo recuerdo me enoja muchísimo, ahora mi hijo mayor tiene 22 años y el menor 19…, ¡ya no son de fiestas infantiles!».

Con esta historia podemos darnos cuenta de cómo el resentimiento es una emoción que nos puede acompañar mucho tiempo, incluso toda la vida.

Sin embargo, ¿qué es el resentimiento? Es una emoción compleja, donde podemos experimentar enojo, miedo y tristeza, ante lo que consideramos como una injusticia, un abuso, un engaño, etcétera.

Tenemos miedo a volver a ser blanco de un daño por esa persona, tristeza al cotejar cómo deberían ser las cosas o las personas, cuando obviamente no estuvieron a la altura de nuestra expectativa.

En el resentimiento, sentimos malestar cuando contactamos con quien para nosotros es el merecedor de dicha emoción e incluso solo cuando pensamos en ella o nos hablan de ella.

El resentimiento es un sentimiento muy corrosivo, que no genera ningún beneficio ni para nosotros ni para los que nos rodean, por lo que su contrario, el perdón, nos puede liberar de unas tenazas que oprimen nuestro corazón. Nos evitan liberarlo, y ese a quien no perdonamos se vuelve nuestro carcelero y tiene las llaves de nuestra liberación interior, al menos cuando contactamos con esa persona, real, virtual o imaginariamente.

Por lo tanto, cultivar y alcanzar la capacidad de perdonar es una de las mayores fortalezas que un ser humano puede tener. ¿Qué es posible perdonar? Todo.

Si aprendemos a ver las cosas como son, podremos ser capaces de perdonar cualquier agravio. Recuerda que perdonar no es reconciliarse, perdonar es disolver en nosotros el resentimiento cada vez que contactamos con quien, para nosotros, lo generó.

¿Cómo podríamos hacerlo? Si consideramos algo que la neurociencia ha comprobado, no tenemos libre albedrío.

Si no tenemos libre albedrío, cada persona que nos ha lastimado no tenía opción para actuar de otra forma, actuó de acuerdo con su programa cerebral, como tú y yo actuamos con el nuestro.

Eso no es justificar algo dañino, es solo saber que no tenía opción, y así dejamos de idealizar a las personas y aprendemos a verlas como lo que son, no como quisiéramos que fueran.

Práctica

Durante esta semana, haz el siguiente ejercicio todos los días. Siéntate cómodamente, cierra los ojos y lleva la atención a tu respiración por diez minutos.

Posteriormente, piensa en alguien hacia quien tienes algún resentimiento.

Ya que lo imaginaste, piensa en los daños que te causó y que aún te duelen. Imagina o considera que esas acciones fueron torpes e inconscientes de su parte y que puedes tomarlas en tus manos como un humo negro y depositarlas en la tierra para que las absorba y recicle, porque son un peso que ya no quieres cargar.

Date cuenta de cómo te sientes al liberarte mentalmente de este agravio.

Ríe sin motivo

«La risa es la música del alma».

La vida es un proceso complejo que nos lleva a dejar de sorprendernos de todas sus maravillas.

En muchas ocasiones, nos dejamos llevar por la vorágine del caos que impera en la vida. Sí, la vida es compleja y caótica, pero también es apasionadamente bella y divertida.

De hecho, en la religión hindú al mundo lo llaman «Lila», que significa juego. Ellos dicen que esta manifestación es una ilusión llamada «maya» que representa el juego de Dios. Pero ¿qué jueguito pensaremos algunos, sobre todo cuando vivimos en medio de la violencia, la enfermedad, la contaminación y otras calamidades?

Sin embargo, más allá de esas adversidades, y aún más allí, en medio, tal vez podríamos encontrar la esencia de ese juego.

En este caso, el término juego se refiere a que todo termina tarde o temprano, tal como sucede en cualquier juego, de naipes, de fútbol, de video, ya que para que tengan sabor necesitamos el reto y la adversidad. Cuántas veces hemos explotado con enojo cuando el contrario a nuestro equipo mete un gol, cuando la máquina nos gana en el videojuego o cuando nuestro contrincante tiene una jugada de cartas mejor que la nuestra.

¿Deja de ser un juego porque nos enojemos o perdamos? Por supuesto que no. ¿Queremos volver a jugar? Por supuesto que sí.

Y cuando perdemos, una vez que el juego termina, el enfado nos puede durar algunas horas, pero va perdiendo fuerza hasta que se disuelve.

Lo mismo sucede con esta manifestación, pasajera, apasionante, porque en ella muchas veces hay una buena dosis de malestar, pero juego cósmico al fin.

De tal forma que en la medida que nos sea posible debemos tratar de ver el lado divertido de la vida, tratando de reír y sonreír lo más posible.

Está demostrado que reír sana, ya que cuando reímos liberamos oxitocina, que es una endorfina cerebral que da sensación de placer y relajación. Cuando sonreímos fortalecemos vínculos, y está demostrado que reír ayuda a reducir los trastornos cardiovasculares.

Sí, lo sé, a veces es difícil, muy difícil, reír, pero podemos intentarlo; de hecho, en una ocasión se hizo un estudio con personas que trabajan como audiencia en programas cómicos de televisión; es decir, con personas a las que les pagan por reírse, y se demostró que enfermaban menos que el promedio, lo cual podría ser un motivo suficiente para ver el lado divertido de la vida.

Pero ¿cómo lograr un estado de ánimo más positivo? Conectándote con el momento presente, si no nos dejamos llevar por la mente, que es experta en hacer novelas de los eventos desagradables del pasado o que es especialista en hacer escenarios catastróficos ante probables eventos futuros, encontraríamos que la vida tal y como es nos presenta infinidad de momentos para reír y poder disfrutarla.

Práctica

Durante esta semana, siéntate en una postura cómoda, cierra los ojos y lleva tu atención a la respiración por diez minutos.

Ahora trata de pensar en algún momento agradable que hayas pasado con un ser querido o un amigo, para recordarlo con el mayor detalle posible, mientras sonríes intencionalmente, en el momento de recordarlo.

Ahora recuerda a algún animal que te inspire ternura, algún cachorro o tu propia mascota, piensa en ello y sonríe intencionalmente, mientras lo imaginas.

Trata de mantener esta sonrisa durante el día y date cuenta de cómo te energiza.

Cerrando ciclos

«Sin cambios no hay crecimiento».

Mientras no soltemos lo irreversible o lo adverso que no podemos modificar de nuestra mente, lo nuevo no tiene espacio para florecer.

Hoy vivimos momentos sin precedentes, porque la humanidad enfrenta uno de los retos más grandes de los últimos tiempos, ya que la pandemia ha generado ajustes indeseables y sensibles pérdidas.

Sin embargo, hoy más que nunca, necesitamos de toda nuestra sabiduría para afrontar de una forma madura y objetiva la realidad que se nos presenta.

Como generación hemos sido infinitamente afortunados comparados con otras generaciones que enfrentaron situaciones mucho más devastadoras que las nuestras, y eso lo debemos agradecer.

Sin embargo, es absolutamente natural que, ante una situación adversa global como las crisis sanitarias, sintamos impotencia y frustración, pero si nos resistimos a esta realidad sufriremos más.

Por lo tanto, tenemos que esforzarnos en cerrar ciclos, entendiendo que la vida está matizada por infinidad de pérdidas y ganancias. Por eso, es indispensable comprender que ningún ser humano sobre la faz de la Tierra ha tenido, tiene o tendrá todo a su favor, ya que pensar así no solo es infantil, sino injusto, porque la vida es mucho más sabia de lo que puede ser la perspectiva de una persona. Por eso digo que si hemos perdido algo, preguntémonos: ¿qué es lo que sí tengo?

Al hacernos esta pregunta, nos daremos cuenta de que no importa a quién o cuánto hemos perdido en estos momentos, siempre habrá mucho más que sí tenemos, y eso hay que agradecerlo. Sin embargo, además de reconocer que la balanza de la vida aún y a pesar de las pérdidas o restricciones sigue estando a nuestro favor, nos permitirá tener presente algo que olvidamos muy fácilmente cuando vivimos la adversidad, y es que de eso también aprendemos si lo vemos con los ojos de la aceptación.

Todos vivimos constantemente pequeños o grandes duelos y cada vez que el cerebro vive una pérdida o frustración se genera en él una herida emocional natural. Puede ser una raspadura leve o una profunda incisión, pero si aprendemos a ver el momento presente con toda su plenitud, invariablemente, terminarán sanando. Por eso ante cada reto, evitemos dejarnos llevar por los debería o por lo justo e injusto y veamos la vida en todo su misterio, su magia y su maravilla, ya que, indudablemente, creceremos.

Práctica

Durante esta semana, siéntate en una postura cómoda, cierra los ojos y lleva tu atención a la respiración por diez minutos.

Posteriormente, trata de recordar una situación desfavorable de tu vida y hazte la pregunta: ¿por qué a mí?

Presta atención para ver si se genera alguna respuesta útil para tu bienestar.

Regresa tu atención a la respiración un minuto aproximadamente, y ahora, mentalmente, pregúntate:

¿Para qué a mí? Date cuenta de si se genera alguna respuesta útil para tu bienestar.

Reflexiona en estas respuestas.

¿Vives o existes?

«Cuando vives, creces; cuando solo existes, te estancas».

Una frase japonesa dice: «La vida es una perla brillante». ¿Tú la ves así?

Cada persona tiene un rol diferente, hay personas que se levantan muy temprano, salen de su casa y llegan a una obra en construcción y comienzan su labor, con pala, martillo, construyen una vivienda o un edificio.

Otras personas salen temprano y llegan a su oficina y comienzan a revisar los ingresos y los egresos de su empresa, así como el pago de impuestos, llevan a buen puerto las finanzas del lugar que les da sustento.

El trabajo y la pasión de un servidor es decirle una y otra vez a cada ser humano con quien contacto: ¡vive!, ¡no solo existas!

Mi profesión y vocación es la medicina y, como médico, mi interés primordial es la salud de las personas. Desde hace más de dos décadas me dedico a prescribir recetas e indicaciones para que cada uno de mis pacientes vaya sobreponiéndose a la enfermedad que atraviesa.

Sin embargo, descubrí que en la meditación y en las prescripciones de la psicología y la filosofía contemplativa oriental existían recetas para sanar a los seres humanos. Desde ese momento, busqué la forma de poder llevar esta propuesta a mis pacientes y a la comunidad en general, ya que como cada persona sufre, el sufrimiento genera una serie de trastornos físicos y psicológicos. Hoy me dedico a orientar a las personas para que puedan disolver ese sufrimiento, y una de las principales herramientas es despertar plena y absolutamente al momento presente.

Desde la perspectiva de la visión oriental «solo se vive si se está consciente». Por eso, cuando nos damos cuenta de que ningún recuerdo por romántico que sea o ninguna fantasía por excitante que se sienta supera a la profunda conexión con lo que estamos viviendo en este momento, hemos encontrado la llave a una felicidad autosostenible.

Hay un cuento que lo describe así: un caminante atravesaba un pequeño pueblo y vio el panteón donde se leía en las lápidas: «Juan López, 6 años; Diana Ríos, 4 años; Luis Flores, 9 años». Al leerlas preguntó a un hombre del pueblo que vio por el camino: «¿Es un cementerio de niños?».

A lo que el hombre dijo: «¡No!, es de adultos, lo que pasa es que en este pueblo tenemos una costumbre especial. Todos tenemos un diario y cada vez que estamos plenamente atentos al presente, anotamos el tiempo que eso duró; luego, al morir, un familiar suma dichos minutos y es lo que ponemos en la lápida, porque para nosotros, solo se está vivo cuando se está plenamente presente».

Por lo tanto, vivir es darse cuenta de toda la maravilla que tenemos al alcance. En cambio, existir es arrastrarse día a día mendigando momentos fugaces de excitación pasajera, buscando sobras, pero teniendo el manjar del aquí y el ahora para poder disfrutarlo plenamente… Y tú: ¿vives o existes?

Práctica

Durante esta semana, siéntate en una postura cómoda, cierra los ojos y lleva tu atención a la respiración por diez minutos.

Ahora trata de recordar lo que comiste ayer, recuerda todos los detalles y date cuenta de qué tan consciente estuviste mientras comías. Esto está directamente relacionado con la atención que tenías a la experiencia.

Durante esta semana trata de hacer este ejercicio recordando los mayores detalles de lo que hayas realizado el día anterior, ya que te llevará a revalorar tu atención al presente.

Una mente despejada

«Cuando la mente se asienta, la realidad aparece».

Vivir mentalmente nublado nos lleva a perdernos maravillas que nos hablan momento a momento

La mañana de antier me desperté con un pensamiento totalmente involuntario, ya que fue precisamente el momento de transición entre que estás dormido y te vas despertando. En ese momento breve donde no hay ego, donde no hay ruido mental, solamente la consciencia, que se va reconectando con el nuevo día.

En ese preciso momento, el pensamiento que se generó fue «la felicidad es nuestra naturaleza, es como el sol que siempre está presente, pero se ve oscurecido por los nubarrones de los pensamientos del pasado y el futuro».

¿Yo lo pensé? ¿El pensamiento llegó a mí? ¿Hay un «mí» realmente más allá de la creencia de que lo hay? La verdad es que las cosas suceden como parte de un gran orden que desconocemos y que nuestro cerebro trata constantemente de ajustar a sus conveniencias, pero, más allá de eso, ese pensamiento me sirvió para comprometer a mi cerebro a que, al menos ese día, viviría sin nublarme.

Lo explicaré en detalle. Hace trescientos mil años los primeros pobladores humanos, llamados homo sapiens sapiens, como hoy nos conocemos, hicieron su aparición y durante miles de años nuestros antepasados directos tuvieron que vivir en un entorno totalmente agreste.

En ese entorno sumamente hostil, tuvieron que vivir durante miles de años en modo supervivencia, constantemente alertas, con una profunda y arraigada desconfianza momento a momento. Si escuchaban un crujir de ramas, un rodar de piedras, un volar de aves, lo más prudente era creer que se trataba de la llegada de un oso, un tigre o un león y, en ese momento, emprender, aún sin comprobarlo, la despavorida huida.

Si alguno de los integrantes de un grupo de exploración se quedaba a ver qué era lo que producía ese sonido, difícilmente lograría vivir para contarlo. Aunque pongo el ejemplo de cómo vivían estos seres humanos prehistóricos para hacer más fácil imaginar la adversidad y los riesgos, la verdad es que, durante siglos y siglos, nuestros antepasados vivieron en entornos muy desfavorecidos, sin la tecnología y confort que hoy muchos tenemos.

Eso provocó que la mayor parte de su atención se enfocará en los riesgos y no en las venturanzas. Pero si tú, lector, no vives en una zona de guerra, si no vives en una colonia donde impere el vandalismo y los capos controlen el mínimo movimiento, si tú o un familiar cercano no viven con una enfermedad grave contra la que estén luchando o si no estás en un estado de hambruna o de indigencia que te lleve a luchar por sobrevivir, tal vez podrías darte cuenta de que los pensamientos/nubarrones de un pasado desfavorable o un futuro incierto te impiden disfrutar de lo que en este momento la vida te regala.

Práctica

Durante esta semana, siéntate en una postura cómoda, cierra los ojos y lleva tu atención a la respiración por diez minutos.

Ahora lleva la atención a observar tus pensamientos por diez minutos más, esto es, concientízate de ellos, no los juzgues, no los rechaces, no te apegues, solo obsérvalos.

Te darás cuenta de que tus pensamientos pueden irse distanciando, y esto te dará una mayor claridad para tomar decisiones.

En el ojo del huracán

«Ve a tu centro, observa el espectáculo del caos
y cómo todo se vuelve a ordenar».

En muchísimas ocasiones, la vida es difícil y adversa, luchamos por salir adelante y a base de preparación y esfuerzo lo logramos. Pero bien sabemos que todo puede volver a caerse y debemos recomenzar.

Es bien sabido que en muchas ocasiones las adversidades no llegan solas, podemos vivir un problema económico que nos genera miedo y nos ponemos a la defensiva, y al contactar con nuestra pareja explotamos por la desesperación vivida. Esa discusión la ve nuestro hijo, que corre asustado, y nos da vergüenza y culpa caer en dicho comportamiento, por lo que vamos directo al refrigerador y nos zampamos un gran trozo de pastel.

En pocos momentos podemos caer en un verdadero huracán de pensamientos negativos, de emociones aflictivas, de acciones dañinas para nosotros y los demás. Paradójicamente, para los que más queremos. Entonces comenzamos a caer en un espiral que parece que no tiene escapatoria.

¿Lo anterior te ha sucedido? Eso se llama estrés. Y desgraciadamente afecta a millones de seres humanos a lo largo y ancho del mundo, y hoy en día, con un mundo tan acelerado, es cada vez más frecuente y devastador. Sin embargo, en medio del huracán, podemos encontrar la calma.

Sabemos que, en el centro del huracán, de ese fenómeno meteorológico arrasador, hay un espacio de calma, de tranquilidad, el llamado ojo del huracán.

Con cada uno de nosotros sucede lo mismo, en esos momentos de crisis existencial, donde nos vemos desbordados por los problemas y por emociones como la ira, el miedo o la tristeza, cuando literalmente todo se vuelve gris para nosotros, existe ese mismo espacio de calma y tranquilidad.

Siempre está ahí, porque ese espacio es el que se da cuenta de toda la energía desbordada que nos envuelve. Ese centro ecuánime es nuestra verdadera naturaleza, nuestra esencia y siempre está disponible para nosotros... porque... ¡somos nosotros!

Cada uno no somos esos pensamientos ni esas emociones, sino que somos la consciencia que se da cuenta, y que nunca se enoja, ni se entristece, ni critica, ni juzga. Solo espera pacientemente a que toda esa estructura mental que creemos ser se calme, y eso suele pasar, pero desgraciadamente y tal como un huracán después de dejar una estela de desastres a nuestro paso: relaciones rotas, trabajos inconclusos, adicciones y demás.

Sin embargo, no tiene por qué ser así, nosotros podemos evitar todo este desastre si volvemos nuestra atención hacia nuestro centro, si en el momento en que nos sentimos desbordados llevamos la atención a nuestra respiración y ahí aventamos el ancla para que nuestro barco no se hunda en la tormenta del estrés y esperamos desde nuestro centro, respirando, a que la mente se asiente y el sol vuelva a brillar.

Práctica

Durante esta semana, siéntate en una postura cómoda, cierra los ojos y lleva tu atención a la respiración por diez minutos.

Ahora, mientras sigues con los ojos cerrados, piensa en algo que te esté preocupando o estresando, piénsalo sin miedo ni culpa, solo date cuenta del hecho en tu mente y di mentalmente, tres veces:

«Esto también pasará».

Después de decirte estas palabras, reflexiona respecto a esta realidad de que todo es transitorio, por lo que podemos soltar nuestra preocupación y ocuparnos en lo que sí podemos cambiar.

Menos peso en la almohada

«Que las preocupaciones no atraviesen la puerta de tu recámara».

Un momento para recuperar la energía gastada en los días difíciles llega cuando dormimos, pero... ¿qué tan pesada está nuestra mente al acostarnos?

A veces vivimos tiempos difíciles, lo sabemos y mientras la incertidumbre se prolonga somos testigos y tal vez protagonistas de más y más historias desfavorables, que se van sumando en alguna etapa de nuestra vida.

Sin embargo, debemos tratar de comprender que el principal problema del malestar que enfrentamos al ser testigos o partícipes de una adversidad no es por la situación en sí, sino por nuestras expectativas de que debería de ser diferente.

Me explico: nosotros, por ejemplo, planeamos unas vacaciones, y aunque solo son planes, esto es, son solo posibilidades, que nuestra mente proyecta entre millones de posibilidades de que suceda otra cosa, anticipadamente nos aferramos a que sucederá como lo imaginamos, y cuando no pasa así, nos quedamos sin agarre.

Lo mismo sucede con situaciones adversas que nos toca enfrentar, por ejemplo, con la pandemia del covid-19 que nos tocó vivir. La situación generó cambios radicales en muy poco tiempo: un día se abría un giro de negocios y al día siguiente se cerraba. Un día se compraban boletos para un viaje de placer o negocio y al día siguiente la aerolínea anunciaba cierre de vuelo. Un día una persona estaba sana y de pronto debía pasar al aislamiento, y un día nos avisaban de alguien que no había sobrevivido al virus, y hubo otros que ni cuenta se dieron de que lo vivieron. Todo esto genera un gran caos mental.

Y al final del día, cuando llega nuestro momento de dormir, todo el cúmulo de pensamientos invade nuestra mente como una avalancha y Morfeo nada más no abre sus brazos para recibirnos y descansar unas horas para poder al día siguiente continuar con nuestra jornada.

¿Qué hacer entonces? ¿Cómo lograr conciliar el sueño? Lo primero es evitar quedarnos rumiando en situaciones adversas al final del día, lo segundo es evitar ver el móvil, ya que es bien conocido que se trata de un fuerte distractor, y lo tercero es dejar de luchar por querer dormir.

El sueño será una consecuencia de bajar estímulos externos y también internos (pensamientos y emociones). Sin embargo, tal vez se entienda cómo es quitar los ruidos externos... pero ¿cómo hago con los internos? Aquí la clave está en el cuerpo, si nosotros llevamos y sostenemos nuestra atención a cada zona corporal, recorriéndola con atención. Es decir, si nos acostamos, cerramos los ojos y llevamos la atención a los dedos del pie izquierdo, luego a la planta, etc.

Seguramente, antes de que llegues a tu hombro derecho te habrás dormido, ¿si no funciona? Tranquilo, inténtalo una y otra vez, tu cuerpo sigue ahí, tú también, así que persevera y dormirás.

Práctica

Durante esta semana, todas las noches, ya para dormir, recuéstate en una postura cómoda, cierra los ojos y lleva tu atención a la respiración por diez minutos.

Ahora, elige cinco zonas de tu cuerpo en las que te puedas enfocar tres minutos aproximadamente, mantén tu atención en esa zona sin juzgarla, solo notando cualquier experiencia en ella.

Una vez recorridas estas zonas lleva tu atención nuevamente a la respiración hasta que concilies el sueño.

Golosinas mentales

«Cada distracción te aleja de tu plenitud».

Muchas personas se preocupan por su salud física, cuidan su alimentación y realizan ejercicio, lo cual es excelente, pero… ¿cómo nutren su mente?

Es bien conocido que las personas nos dejamos llevar por las voces cantantes de la sociedad, que mueven a una conveniencia materialista sus intereses con estrategias complejas. Efectivamente maquinadas para vendernos necesidades donde no las hay y ponernos en bandeja de plata una tentadora felicidad de pacotilla, que solo nos hace dar vueltas en círculo buscando la siguiente dosis de entretenimiento. «Pan y circo», como decían los antiguos romanos.

Tal como un niño busca desesperadamente la siguiente golosina, así muchos adultos buscamos la siguiente marca de móvil o la nueva ropa de temporada, el siguiente partido de fútbol, la última noticia de una estrella de televisión.

Y así como la golosina le brinda al niño un agradable sabor, que le deleita y le hace ir a por la siguiente, pero que no le aporta ningún nutriente, también nosotros buscamos asiduamente la siguiente película, el siguiente resbalón de una figura pública, ya sea política, del espectáculo o del deporte, para ahí entretenernos y deleitarnos.

Como bien sabemos, una golosina de vez en cuando si el niño se nutre adecuadamente no genera ningún problema. Asimismo, si eventualmente ocupamos nuestro tiempo en un tema fútil que deleite nuestra mente, tampoco sería problema, siempre y cuando tengamos bien nutrida nuestra psique.

Darnos cuenta de que no estamos llevando una alimentación balanceada y que no nutrimos nuestro cuerpo adecuadamente, lo podemos hacer por sentido común. Si bien es cierto que será el profesional de la salud nutricional, la autoridad en este tema, quien nos diga qué cambios hacer, somos nosotros los que podemos detectar de manera general que no estamos siendo muy cautos con los alimentos para nuestro cuerpo.

Sin embargo, ¿es así de fácil que podamos detectar una mala nutrición mental? Definitivamente, no. La mente es muy astuta y cuanto más inteligente se es, más estrategias para autoengañarse produce, y así nos lleva a desperdiciar tiempo y energías valiosas en golosinas mentales que entretienen, pero no generan ningún crecimiento interior, ni paz mental, ni la felicidad genuina, esa que no es de pacotilla.

¿Cómo detectar que tu mente se está alimentando de comida chatarra? Unas pistas: ¿te aburres rápidamente y buscas cualquier entretenimiento para pasar el rato? ¿Estás con una marcada inquietud esperando el día del partido de fútbol o una nueva serie? ¿Trabajas hasta tarde y terminas exhausto? Amigo mío, lo que pasa, simplemente, es que no sabes estar contigo mismo y necesitas la siguiente golosina, la siguiente golosina mental.

Práctica

Durante esta semana, siéntate en una postura cómoda, cierra los ojos y lleva tu atención a la respiración por diez minutos.

Ahora, piensa en cinco cosas valiosas, en las que te gustaría llevar tu atención durante el día siguiente. Durante ese día mantente vigilante a su desarrollo, y de lograrlo, felicítate por ello: estás dirigiendo tu atención a donde vale la pena.

¿Qué llevas cargando?

«Pesa más una culpa que un elefante».

Hay un cuento clásico de la tradición zen que describe a dos monjes, uno joven y uno mayor, que van caminando por el bosque hacia el monasterio; mientras avanzan con pasos conscientes, escuchan los ruidos de la naturaleza que los rodea y entre los sonidos destaca el correr del agua de un río que se encuentra unos metros más adelante.

Junto al río, que era medianamente profundo, se encontraba una joven que quería atravesarlo, pero, al no saber nadar, temía que la corriente la llevara. Ante eso, el monje mayor, al ver el apuro de la chica, se ofreció a cargarla para pasarla a la otra orilla, ante lo que el monje joven quedó atónito.

Ella aceptó y el monje la ayudó a atravesar la corriente bajándola al otro lado.

La joven se fue agradecida por la buena obra de aquel monje budista, mientras ellos siguieron su camino.

Después de un par de horas de seguir caminando, el monje mayor notó que a su compañero le había cambiado el rostro, de una paz habitual a una mueca de contrariedad y angustia.

Al notar esto e interesado por su bienestar, le preguntó: «Hermano, ¿qué es lo que te pasa? Te noto angustiado y contrariado». El monje joven con cierto desánimo le contestó: «Me siento sumamente incómodo, porque tú bien sabes que los monjes no debemos ver a las mujeres, mucho menos hablarles, y muchísimo menos cargarlas... ¿Por qué entonces cargaste a esa mujer?».

Ante esta pregunta, el monje mayor le contestó tranquilamente: «Hermano, yo ya la bajé hace dos horas..., ¡pero tú la sigues cargando!».

Y de la misma forma que ese joven monje, ¿cuántas experiencias desfavorables llevamos cargando en nuestra mente que nos restan ligereza y plenitud? Si bien es cierto que es muy útil recordar situaciones pasadas desfavorables, para evitar en la medida de lo posible volver a vivirlas, de manera lamentable, sucede muy frecuentemente que las recordamos no para aprender de ellas, si no para machacarnos con nuestros errores.

Lo anterior nos resta felicidad, satisfacción y autoestima, por lo que tal vez valdría la pena detenernos un momento y reflexionar si todo eso que hoy quisiéramos que fuera diferente, pero que como sabemos no podemos cambiar, ya podemos soltarlo.

Evitando perdernos en el discurso mental repetitivo que lo despierta.

Si recuerdas algo desagradable o indebido en lo que te viste involucrado, solo considera qué daños se ocasionaron con ello, y si puedes repararlo total o parcialmente, hazlo de acuerdo con tu posibilidad.

Y si no es posible enmendar esa situación, solo trata de comprometerte contigo mismo a no volver a realizar una acción u omisión similar, ya que has aprendido lo necesario.

Práctica

Trata esta semana de liberarte de todo ese pasado que te abruma, y para ello haz todos los días el siguiente ejercicio.

Siéntate de manera estable, cierra los ojos y lleva la atención a tu respiración.

Ya que estés estable en tu proceso respiratorio, piensa en algo del pasado que te abrume, que te avergüence, que te haga sufrir. Ya que lo has imaginado, trata de darte cuenta de qué sensaciones producen estos pensamientos en ti. ¿Qué sientes?, ¿palpitaciones?, ¿temblor?, ¿respiración agitada? Solo date cuenta de cada estímulo, sin resistirte a él, ni negarlo, ni juzgarlo, y date cuenta de que estas sensaciones son pasajeras e inofensivas.

Ahora pregúntate sinceramente dos cosas:

¿Puedo cambiar la situación que estoy recordando?

Si tuviera la oportunidad de estar en ese mismo momento, ¿actuaría de mejor forma?

Reflexiona sobre estas respuestas.

Saber que no sabemos

«Nuestro conocimiento es medio grano de arena
en la playa de la sabiduría universal».

La vida es un libro que se está escribiendo, y cada situación favorable, desfavorable o neutra, es una lección para aprender el arte de vivir.

La vida es un reto para todos; para algunas personas, grupos o países, este reto es mayor que para otros, pero invariablemente, a través del diario vivir, todos, sin excepción, encontraremos escollos y algunos contratiempos nos sacudirán un poco.

Otros tropiezos nos sacarán de balance un momento para detenernos y continuar con nuestra vida, pero otros obstáculos nos harán caer, y el golpe dolerá. Tal vez el impacto sea tan significativo que tendremos que quedarnos en el suelo un tiempo, sin poder reincorporarnos, pero, tarde o temprano, debemos levantarnos y continuar con nuestro sendero.

Uno de mis queridos maestros, Fernando Álvarez de Torrijos, lo menciona frecuentemente: «la vida es bella, pero no es fácil». Por lo que debemos prepararnos para saber disfrutarla cuando nos favorezca, y para saber sobreponernos a sus retos, cuando nos sacudan.

Una de las trampas más comunes en las que nos vemos involucrados es creer que ya lo sabemos, que por el solo hecho de ser seres humanos pensantes y conscientes de sí mismos ya estamos dotados de la capacidad de disfrutar y de enfrentar las adversidades. Esto es así, pero solo de una forma muy pero muy limitada.

Veamos primero la parte favorable de manera convencional, es común que disfrutemos ante los estímulos agradables, pero ¿en qué porcentaje lo hacemos?

Por ejemplo, podemos disfrutar una comida que nos gusta, sí, pero ¿cómo comemos?

Acaso lo hacemos totalmente concentrados en los colores, aromas, texturas, sabores de ese alimento, masticando meticulosamente o lo ingerimos viendo el móvil, viendo las noticias, conversando con nuestros amigos o pareja, o con tanta prisa por hacer lo que sigue que nuestra mente no deja de pensar en esos pendientes, alejándonos de la experiencia de nuestra comida.

Ahora veamos la parte desfavorable. Todos enfrentamos problemas o adversidades, podemos o no resolverlos, ese no es el punto en mi comentario, que va hacia la pregunta: ¿qué tanto nos raspamos, mentalmente hablando, con esos problemas?

Siendo sinceros con nosotros mismos, ¿podríamos decir que de cada adversidad hemos aprendido algo? Si esto es así, y nos hemos resentido por un comentario adverso o una burla hacia nosotros, habríamos aprendido que tanto el resentimiento como la ofensa ante una burla son historias mentales inútiles y no volveríamos a generarlas ante un nuevo evento de la misma índole.

¿Estamos listos para mantenernos emocionalmente ecuánimes ante el siguiente comentario adverso?

Saber que no sabemos, y por supuesto aceptarlo, es el primer paso para un inagotable y apasionante crecimiento interior y exterior durante toda la vida.

Práctica

Durante esta semana, trata de realizar todos los días el siguiente ejercicio.

Siéntate cómodamente, cierra los ojos y lleva la atención a tu respiración durante diez minutos.

Ahora, piensa en alguna situación desfavorable que te haya sucedido, imagínala lo más detalladamente posible; si sientes que te desbordas emocionalmente ante el recuerdo, puedes regresar a tu respiración para estabilizarte.

Ya que has imaginado dicha adversidad, reflexiona si has aprendido algo de ella; tal vez el aprendizaje no supere la adversidad, pero esfuérzate por encontrar el beneficio ante lo desfavorable y entonces será favorable.

Sé tu propio artista

«La vida es tu bastidor,
pinta en ella la obra de arte de tu existencia».

Somos los arquitectos de nuestro propio destino, decía el gran poeta Amado Nervo. Tenemos cada día para pintar en el bastidor de nuestra vida una de las obras maestras de la existencia.

La amistad es uno de los más valiosos tesoros que los seres humanos podemos poseer, pero a veces requiere mucho tiempo y experiencias compartidas con la otra persona para poder generarse. Pero otras veces no, en algunas ocasiones basta una afinidad empática y una apertura sincera, para que una amistad florezca en poco tiempo.

Lo anterior me ha sucedido contadas veces, pero han sido experiencias maravillosas, y una de estas amistades surgió con Eduardo, un psicólogo de la ciudad de Bilbao, España. Nos conocimos en un entrenamiento de mindfulness que hicimos en el hermoso monasterio de Poblet en la ciudad de Tarragona, en España, allá por el 2014.

Bastaron menos de diez días para que surgiera entre nosotros una amistad que hoy sigue siendo para mí muy valiosa y, aunque yo me ocupo y me olvido de saludarle, él, con seguramente más ocupaciones que las mías, nunca deja de enviarme una imagen motivadora para iniciar el día. Debido a las diferencias horarias con la ciudad de Bilbao donde reside, yo, cada mañana, al despertarme, recibo su mensaje para iniciar mi día con un aprendizaje.

En esta oportunidad, les quiero compartir el contenido del mensaje que me hizo llegar; consiste en una frase del sabio monje vietnamita de budismo zen llamado Thich Nhat Hanh, que dice así:

«Hoy es un día extraordinario. Hoy es el más extraordinario de todos los días. Ayer ya se ha ido. Mañana todavía no ha llegado. Hoy es el único día del que realmente disponemos y del que podemos cuidar. Que tengas un buen día. No solo es un deseo, es una práctica».

La última parte de la frase, la que dice «no es solo un deseo, es una práctica», es un recordatorio y una revelación muy profunda, porque la primera parte de la oración la podemos ver incluso como trillada, lo que no la hace falsa, pero si fácilmente demeritada al caer en el cliché de las frases de autoayuda.

Sin embargo, esta última parte es todo un compromiso con nosotros mismos, para ser nuestros propios artistas, para cocrear con la realidad, nuestra vida.

«Un buen día es una práctica» dice al que también se le conoce como Thay. Un buen día no depende de un destino venturoso o de que todo salga como queremos y necesitamos, depende enteramente de nosotros, de lo que hagamos con lo que llega a nuestra vida o incluso con lo que se va.

Tenemos, cada vez que nos despertamos, veinticuatro horas para pintar en el bastidor de nuestra vida una de las obras maestras de la existencia. ¿Hoy tienes un día difícil donde en tu paleta solo tienes los colores negro y gris? ¡Pues crea! Con esos colores Picasso pintó al Guernica, una de sus mayores obras maestras.

Así también, nunca olvides que tú eres el artista de tu propia vida.

Práctica

Durante esta semana, siéntate en una postura cómoda, cierra los ojos y lleva tu atención a la respiración por diez minutos.

Ahora, considera que, en las siguientes veinticuatro horas, tratarás de encontrar aprendizajes de todo lo que llegue a tu vida. Sin perder objetividad, buscarás enseñanza en cada experiencia que vayas viviendo, no sabemos qué sucederá, pero de lo que suceda algo aprenderás.

Trata de mantener esta disposición y toma nota de ello para una posterior reflexión.

La inutilidad de la queja

«Si una queja no se acompaña de una acción,
es una pérdida de tiempo».

En días pasados, me enviaron una frase que decía: el 90 % de las personas se la pasan quejándose y el 10 % estamos hartos de estas quejas.

De tal forma que, con esta frase anterior, nos hace ver que todos nos la pasamos quejándonos cuando la vida no es como queremos que sea, y eso, sucede, muchas veces, tanto con ese 90 % como con el 10 % que se queja del que se queja.

Sin embargo, creo que ese 10 % no es real, yo le daría un 9 %, ya que, por supuesto que hay excepciones, hay personas proactivas y optimistas que nos inspiran con su capacidad aprendida, de usar toda experiencia desagradable como composta para cultivar una mayor fortaleza.

Veamos qué se puede entender por queja inútil, para no confundir términos; cuando comento que la queja no ayuda, no me refiero a no denunciar ante las autoridades competentes un caso de abuso familiar que estemos viviendo, por ejemplo.

Tampoco me refiero a no poner de manifiesto ante las instancias correspondientes el mal procedimiento de las autoridades.

Por supuesto, no me refiero a no expresar de una forma puntual, cuando deseamos que alguien nos respete.

Todo lo anterior es útil y necesario. Cuando me refiero a la inutilidad de la queja, me refiero a las personas que se la pasan refunfuñando en cómo deberían ser las cosas o las personas, cuando no son como quieren o necesitan que sean. Pese a que no me estoy quejando de ellos, solo estoy manifestando la diferencia entre ambas situaciones para resaltar la inutilidad de estas quejas.

No quiero decir con lo anterior que soy del 1 % que transforma en el momento toda situación en abono para su crecimiento. Como es común, cuando no estoy atento al momento presente, lo que me sucede frecuentemente es que caigo en esos dimes y diretes de cómo deberían de ser las personas o las situaciones.

Sin embargo, cuando me doy cuenta de la energía tan necesaria y preciada que estoy desperdiciando con ello, suelto a ese juez interno, y me vuelvo testigo de esa situación para aprender de ella. Haciendo esto frecuentemente, cada vez vive menos en nosotros el personaje amargado, que de todo y de todos se queja.

De tal manera que la propuesta es: evitar desgastarnos en quejarnos inútilmente de todo aquello que no es como queremos o necesitamos, si no vamos a proceder a hacer algo para cambiarlo.

Por ejemplo, quejarnos de nuestro vecino ruidoso con nuestros hijos o pareja, diciendo que es una persona de pocos valores, insensible, etcétera. Pero no llamamos a las autoridades para que vengan a reprenderlo.

Si no denunciamos, solo estamos haciendo pasar un mal rato a nuestros familiares por un lado, y por otro, estamos generando un estado de malestar totalmente inútil.

Práctica

Durante esta semana, siéntate en una postura cómoda, cierra los ojos y lleva tu atención a la respiración por diez minutos.

Ahora piensa en alguna situación que consideres desagradable y por la que sueles quejarte sin que con ello la situación (o la persona) cambien.

Ya que la has imaginado, ahora pregúntate si en algo te ha ayudado el estar quejándote de esa situación. Numera mentalmente (si los encuentras) cinco beneficios que has sacado de ello y dale unos cinco minutos a encontrar esos cinco beneficios de tus quejas recurrentes.

Herencia estresante

«Cada gesto o comentario nuestro
se escribe en el corazón de nuestros hijos».

Hace años asistí a una conferencia donde el ponente, un neurocientífico estadounidense, decía: «Nosotros venimos de unos lejanos antepasados que, cuando andaban fuera de su cueva, al menor ruido, como un rodar de piedras, un crujido de ramas, corrían despavoridos a meterse a su caverna pensando que se podía tratar de un tigre dientes de sable o algo parecido».

«Si bien es cierto –seguía diciendo– también había, hace miles de años, los humanos que se quedaban fuera de la cueva, cortando flores, haciéndose collares con conchas o viendo las aves, y eran devorados por estos depredadores, por lo que no venimos de ellos, sino de los ansiosos del grupo que lograron sobrevivir y transmitir sus genes, nuestros genes».

La descripción que hizo en aquella ocasión este científico es muy importante, porque nos dice que hace miles de años era absolutamente necesario detonar en un estrés explosivo, para escapar de ser devorados, pero hoy en día ¿seguimos viviendo en ese mismo entorno?

Hoy en día, ¿es necesario detonar el estrés ante situaciones del trabajo, de la economía, de las relaciones interpersonales, que de una forma u otra generalmente se terminan resolviendo? Seguramente, estarás de acuerdo conmigo en que, si hoy salimos de casa, hay más posibilidades de regresar a ella al final del día de lo que era probable para nuestros ancestros, los cavernícolas.

Sin embargo, la realidad es que, si nos observamos un poco, nos daremos cuenta de cómo no necesitamos un tigre dientes de sable afuera de la casa para estresarnos. Nos basta con una cifra mayor a la acostumbrada en el recibo de la luz para estallar en cólera o tener que entregar el siguiente reporte con menor tiempo al planeado, para desbordarnos en miedo.

¿Y quiénes ven esto? Nuestros hijos, esos ojos que no pierden detalle cuando estamos inmersos en nuestras novelas mentales. A veces nos descontrolamos delante de ellos, esta es la herencia que estamos dejando y, no necesariamente a través de nuestros genes, sino de nuestra conducta.

Cuando te estresas…, ¿comes alimentos chatarra?, ¿fumas?, ¿bebes?, ¿te vuelves ansioso, enfadado, angustiado? Todo esto lo estás sembrando en la mente de tus pequeños o tus jóvenes, estás dejando una herencia estresante, ya que al menor reto ellos habrán aprendido que es normal reaccionar con emociones desbordadas o acciones no sanas, porque lo han visto de la persona más sabia que conocen.

De tal manera que tal vez vale la pena pensar si será necesario empezar a entrenar tu mente y la de tus niños o jóvenes con ejercicios que permitan mantener el equilibrio interior aun en medio de la tormenta.

Práctica

Durante esta semana, siéntate en una postura cómoda, cierra los ojos y lleva tu atención a la respiración por diez minutos.

Ahora, reflexiona sobre cuáles son los hábitos inadecuados a los que recurres cuando te estresas. Sé honesto contigo y considera al menos uno; ahora piensa en estrategias puntuales de cómo modificarlo y date un tiempo para ello.

Vivir a través del móvil

«No reduzcas tu vida a una pantalla».

Ayer tuve la oportunidad de impartir una conferencia y, mientras esperaba a iniciar la charla, observé a los asistentes. Al ir llegando, se sentaban en el lugar que veían adecuado y, una vez que se sentaban, lo primero que hacían era tomar su móvil (varios ya lo traían en la mano) y comenzar a ver la pantalla. Así, llegaron tres, luego eran catorce, hasta un número de dieciocho, y todos, sin excepción, estaban agachados viendo su teléfono portátil.

Por supuesto que esto que vi no es algo novedoso, pero en esta ocasión llamó mi atención, porque yo no estaba entre los asistentes y muy probablemente hubiese actuado igual. Ciertamente hemos normalizado el hecho de tener personas cerca de nosotros y seguir aislados en el mundo que la tecnología nos dicta.

Aunque esto no se aplica a todos por igual; pero si somos honestos, si a una persona le toca esperar, siempre y cuando su aparato tenga señal y batería, ya sea en un aeropuerto, en un consultorio, en un traslado en autobús, ¿qué será lo más seguro que pase? ¿Que estas personas se dediquen a darse cuenta de la experiencia de esperar, de respirar, de ver, de oler, de sentir?, o ¿qué vivan a través del móvil?

¿Qué es vivir a través del móvil? Significa dejar de vincularte con la realidad a cambio de una realidad alterna y manipulada que, cargada de colores, sonidos y formas, genera un apego y obsesión que al no tener a la mano el móvil genera (y esto está demostrado científicamente) ansiedad o aburrimiento en más de la mitad de las personas a las que les toque vivir la desgracia de quedarse sin su teléfono.

Sin embargo, ¿qué problemas nos puede ocasionar esta tendencia que incluso puede llegar a ser una adicción? Precisamente, nos genera el potencial malestar que vivimos cuando no tenemos este equipo a la mano.

También, hoy en día se sabe que la mayoría de los accidentes automovilísticos suceden porque el conductor está distraído con este aparato. La Organización Mundial de la Salud ha dicho que el hecho de que un conductor revise su móvil al ir conduciendo aumenta cuatro veces la posibilidad de que tenga un accidente al volante.

Asimismo, dicen algunos estudios que si en un auditorio se les pide a los asistentes que apaguen su móvil mientras están en la conferencia, la mitad caerá en diferentes grados de ansiedad, algo que no comprobé con mi audiencia.

De tal forma que si deseamos tener un uso responsable de este equipo es necesario tal vez hacer un esfuerzo consciente por minimizar su utilización y lanzarnos un clavado a la realidad de manera directa. Probablemente, nos aburramos o nos pongamos ansiosos, pero estaremos también realmente viviendo los matices de una vida real y no de una vida vivida a través de una pantalla.

Práctica

Durante esta semana, siéntate en una postura cómoda, cierra los ojos y lleva tu atención a la respiración por diez minutos.

Ahora, hazte la firme propuesta de que durante las siguientes veinticuatro horas no revisarás el móvil, salvo por urgencias.

Date cuenta de la ansiedad que se genera al querer revisarlo por hábito (o adicción) y concéntrate en tu respiración sin verlo, notando dichas sensaciones sin juzgarlas o juzgarte por ellas.

Reflexiona sobre lo difícil o fácil de este ejercicio y si vale la pena reducir el tiempo de exposición al equipo.

¿Te ganan las ganas?

«Un impulso cumplido es otro triunfo del ego».

Las personas nos vemos atraídas a gran cantidad de situaciones que son agradables a corto plazo, pero que nos generan grandes daños o conflictos a largo plazo.

En una sociedad como la nuestra, llamada sociedad de consumo, donde sobran las ofertas de artículos, alimentos y diversiones para infinidad de gustos y presupuestos, no falta qué llame nuestra atención y nos atraiga como polilla a la luz.

Después de haber comido, bebido, comprado o experimentado algo que nos agradó, pasamos a una sensación incómoda de culpa, vergüenza o autorreproche en algunos casos. En otros casos caemos en una especie de amnesia hacia la acción cometida o una justificación generalmente elaborada de manera perfecta, para sentirnos menos incómodos e incluso merecedores de dichos placeres.

Si bien es cierto que no se trata de rechazar siempre aquello que nos genera agrado o placer, es muy importante ser honestos y darnos cuenta de cuándo algo que nos atrae, primero, daña nuestra salud, ya sea física, mental o social, recordando que el concepto salud cubre esas tres esferas, y segundo, considerar que eso mismo a lo que no nos resistimos puede ser algo que se ha transformado de un simple gusto a un agente adictivo.

Si acaso, después de una reflexión genuina, donde concluyas que a pesar de saber los daños potenciales que esa acción te genera, estás en la imposibilidad de evitarla, entonces te ganan las ganas. Es decir, te encuentras sometido a la realización de una acción para la que, sabiendo de su inconveniencia, no cuentas con los recursos internos para evitarla.

¿Por qué nos sucede esto? Cada vez que consumimos algo que nos agrada con cualquiera de los sentidos, este estímulo agradable libera unas sustancias cerebrales llamadas endorfinas que dan sensación de placer y nos apegamos fuertemente al placer, al grado de confundirlo con la felicidad misma.

Entonces, cuando nos vemos ante la posibilidad de volver a vivir ese placer, se genera un impulso por realizarlo, pero nosotros, conscientes de que puede ser nocivo, decidimos no realizar la acción, y es entonces que el cerebro genera estímulos de ansiedad, inquietud, angustia, que nos llevan finalmente al consumo.

Después de realizarlo, nos sentimos débiles y frustrados, pensando a menudo que estamos condenados a repetir este patrón una y otra vez. Tenemos razón, lo estamos, pero lo estamos si no trabajamos en romper con estos hábitos, que pueden ser destruidos definitivamente.

¿Cómo evitar que nos ganen las ganas? La base de cualquier cambio de hábitos comienza por la aceptación de la necesidad de apoyo, y lo segundo es mantener un estado de atención plena a cada estímulo, para darnos cuenta de cómo van perdiendo fuerza en la medida de irlos observando.

Práctica

Durante esta semana, siéntate en una postura cómoda, cierra los ojos y lleva tu atención a la respiración por diez minutos.

Ahora, imagina algo que te atraiga de manera intensa, un alimento, una bebida, una actividad, una sustancia, piensa en ese momento cuando la consumes y qué sensaciones te causa.

Luego, imagina que no volverás a consumirla, o si es una actividad, a realizarla, y pregúntate: ¿mi felicidad y plenitud terminarán al no realizar tal consumo?

Reflexiona sobre tu respuesta.

Sumérgete en tu *wabi sabi*

«Lo maravilloso no está afuera,
sino en tu forma de verlo».

Profundizar en lugares que el tiempo y el hombre han olvidado genera un gozo sereno y gratuito.

Recuerdo que hace algunos años iba en el coche con mis hijos aún pequeños. Conducía sin prisa por una de las tantas calles del centro antiguo de Monterrey, donde las casas, muchas de ellas construidas hace cientos de años, lucían en su mayoría solas y descuidadas.

De repente, vi una casa abandonada, una de las más deterioradas de esa zona, en la que una pintura verde claro la cubría en algunos tramos, y muchas zonas del muro se veían marcadas por manchas negras que había dejado el escurrimiento del agua de las lluvias anteriores. En varias zonas raídas del muro habían crecido algunas plantas perennes de pequeño tamaño, pero, de entre todos esos pequeños arbustos, sobresalía uno que de manera solitaria caía libremente; el aire lo hacía mecerse suavemente.

Al ver aquella casa, quedé arrobado por su belleza, que me atrapó y que no podía describir con palabras. Entonces se me ocurrió comentarlo con uno de mis hijos: «¡Mira qué casa tan hermosa!», le dije. Él, mirándome con una cara de sorpresa e incluso desagrado, me dijo: «¿Qué te pasa?, ¡está vieja y horrible!». Yo solo sonreí y volví a ver aquella solitaria construcción, volví a sentir un estado de melancolía y serenidad que me embargó durante un buen rato.

Después de esa ocasión, he tratado de estar más atento a lo que la mayoría de las personas ni siquiera verían, o que si lo hicieran, sería para quejarse de lo sucia o descuidada de la zona, ya sea una verja doblada y medio caída con maleza, que sobresale de ella y obstruye gran parte de la acera, o una cabaña de vieja madera que se resiste al paso del tiempo.

Esas escenografías que el tiempo ha esculpido y el hombre ha olvidado son lo que yo entiendo como *wabi sabi*. Un concepto de la cultura japonesa que se refiere a la belleza que se encuentra en lo pasajero, en lo transitorio, la llamada belleza de la imperfección.

Es una experiencia de belleza indescriptible y, en el preciso momento en que tratas de explicarla, sometiéndola a los procesos de pensamiento, se disuelve.

Te invito a que tú también encuentres tus espacios *wabi sabi*. Son deliciosos e íntimos, no trates de explicarte por qué te deleitan, ni tampoco se los comentes a quienes te rodean.

Tal vez te vean de arriba abajo buscando la tuerca que se te aflojó; solo detente y disfruta de la belleza de lo que el tiempo ha creado en esa obra de arte, que es solo tuya, puesto que solo desde tu profunda intuición y sensibilidad, que se abre en el momento presente, puedes disfrutarla.

Si encuentras más lugares de singular belleza, estoy seguro de que lograrás sentir un remanso en medio de tu ajetreado día, y totalmente gratis.

Práctica

Durante esta semana trata de apartar una o dos veces para caminar por algún sitio tranquilo de tu ciudad. Dedícate a observar obras de arte que el tiempo ha dejado, verjas caídas, casas deterioradas, y trata de observar sin juzgar, solo penetra tu consciencia en esos lugares y date cuenta de cuáles son tus sensaciones físicas al hacerlo.

Perder para ganar

«Afortunadamente, mucho de lo que deseamos nunca sucede».

Las personas tenemos infinidad de hábitos y costumbres, y uno muy frecuente es tomar decisiones precipitadas sobre lo bueno y lo malo que nos sucede, solo para darnos cuenta muchas veces de que lo bueno de inicio termina siendo desfavorable, y lo que no nos favorece inicialmente termina dándonos grandes enseñanzas.

Tenemos muy poca habilidad para ser objetivos en la vida, porque nuestro cerebro tiene la gran capacidad de codificar o generar interpretaciones inmediatas de la información que recibe del entorno, en función de sus recuerdos y aprendizajes.

Esta generación inmediata de juicios, conclusiones y posibilidades es altamente necesaria para permitirnos dar respuestas en poco tiempo, pero pagamos por esa capacidad una factura: las sacudidas frecuentes de la naturaleza cambiante de la vida.

Esa tendencia precipitada a dar conclusiones nos cierra la mente de manera abrupta y nos lleva a perdernos de cosas que seguramente podrían enseñarnos mucho más.

Un cuento oriental lo describe claramente así:

«Había un anciano granjero chino que era muy humilde y vivía con su joven hijo y solo tenían un caballo como posesión, y un día, este caballo escapó del corral y se perdió en el monte.

»Ante esta situación los vecinos le dijeron al anciano: "¡Qué desgracia te ha sucedido!, te has quedado sin caballo". A lo que el anciano contestó: "No es desgracia, solo me he quedado sin caballo". Al día siguiente por la mañana, el caballo regresó acompañado de diez caballos salvajes, el anciano abrió el corral y entraron todos, entonces los vecinos le dijeron: "¡Qué fortuna!, ahora tienes once caballos...". El anciano les dijo: "No es fortuna, solo tengo once caballos".

»Al día siguiente, su hijo comenzó a montarlos para domarlos y poder venderlos. Entonces, el segundo caballo lo tumbó y el muchacho se fracturó una pierna. Entonces, los vecinos le dijeron: "¡Qué desgracia! ¡Tu hijo se ha quebrado una pierna!".

»El anciano les dijo: "No es desgracia, solo se ha quebrado una pierna". Al día siguiente, llegaron los soldados del rey al pueblo y reclutaron a todos los hombres jóvenes para pelear en una guerra que seguro perderían.

»Los soldados se llevaron a todos, menos al joven de la pierna fracturada. Entonces, los vecinos, tristes, le dijeron al anciano: "¡Qué fortuna!, no se llevaron a tu hijo". A lo que contestó el anciano: "No es fortuna, solo no se llevaron a mi hijo"».

Una recomendación que te será muy útil es: vuélvete cada vez más objetivo y aprende de todas las experiencias para que lo desfavorable de inicio pueda dejarte una enseñanza posterior, y así habrás perdido para ganar.

Práctica

Durante esta semana, siéntate con los ojos cerrados y lleva tu atención a la respiración por diez minutos.

Ahora, trata de recordar dos situaciones en tu vida que inicialmente fueron desfavorables y posteriormente te dejaron algún aprendizaje y crecimiento.

Reflexiona sobre ello.

La puntualidad es una pérdida de tiempo

«El reloj está a nuestro servicio, y no al revés».

En innumerables películas de ciencia ficción, los seres humanos se ven esclavizados por máquinas, que los someten so pena de una aniquilación inmediata que correrá a cargo de estos robots creados por el hombre. También en estos filmes es común que aparezcan reducidos grupos de humanos rebeldes viviendo de manera frugal y clandestina entre los escombros de una civilización destruida.

Hoy en día inclusive, no es raro el comentario entre los grupos de amigos sobre el asombroso adelanto de la tecnología, pues las computadoras nos alivian de gran cantidad de tareas y se dice en broma que un día nos van a controlar.

Sin embargo, tengo que decir que hay una máquina que a millones de personas los tiene controlados desde hace mucho tiempo: el reloj.

Este aparato maravilloso se ha filtrado entre nosotros como un compañero infaltable. Hemos caído en una especie de dependencia a un tictac, con el cual nos movemos y que nos llena de angustia cuando quedamos mal o no cumplimos sus órdenes.

Si tenemos una reunión a las cinco de la tarde, vamos viendo cómo las manecillas avanzan inexorablemente, mientras nosotros apuramos nuestro paso para lograr cumplir con la persona o personas con las que nos encontraremos, pero sobre todo para no quedar mal con el tirano que llevamos en la muñeca.

Incluso si llegamos a tiempo y las personas no llegan, sentimos un alivio por no haber sido nosotros los que le fallamos a nuestro amo, el reloj.

Si bien es cierto que la puntualidad es un importante valor, debemos evitar caer en la obsesión de etiquetarnos como puntuales, ya que en esa etiqueta llevamos el chip de la esclavitud del tiempo, que nos lleva a no poder disfrutar del camino por llegar siempre puntuales a nuestro destino.

Bien podríamos cambiar nuestra etiqueta de puntuales por la de responsables, lo que nos llevaría a organizarnos para lograr llegar a la hora pactada. Sin embargo, debemos considerar que nuestro traslado está sometido a una gran cantidad de procesos fuera de nuestro control, que al presentarse y retrasarnos nos hunden en un estrés que daña nuestra salud y nuestras capacidades.

Hay que recordar que el sábado se hizo para el hombre, y no el hombre para el sábado, como decía Jesús, lo que nos puede hacer ver que el reloj se hizo para el hombre, y no el hombre para el reloj.

De tal forma que organizando nuestras diferentes actividades y manteniendo la atención en cada proceso en el que nos involucramos, podremos liberarnos de la esclavitud del tiempo, que es solo una carga mental, y llegar a tiempo, pero nunca en detrimento de nuestra salud y bienestar.

Práctica

En esta semana respira durante diez minutos todos los días.

Luego, durante el día, trata de estar atento a cuando notas que estás cayendo en ansiedad o estrés al ir tarde a algún lugar o si te retrasas en alguna tarea, y en ese momento dedica tres minutos a respirar con atención.

Date cuenta de cómo te sientes con este ejercicio y reflexiona sobre ello.

La triste zona de confort

«Si crees que puedes, estás en lo cierto,
si crees que no puedes, estás en lo cierto».

Hace años, leyendo algo de historia, me llamó mucho la atención un evento sucedido durante la Revolución francesa, específicamente en la toma de la Bastilla, que fue el evento que simbolizó la culminación de la caída del antiguo régimen a manos de los revolucionarios franceses.

El punto que quiero mencionar es que la Bastilla era una cárcel muy grande, en la que los presos tenían varias atribuciones que generalmente no tenían en una prisión de esa época. Los reclusos podían caminar por largos espacios dando paseos dentro de aquel castillo, además tenían acceso a una biblioteca y algunos podían introducir alimentos, bebidas y compañía.

Por eso, el día que fue tomada la prisión, los revolucionarios se dirigieron hacia las celdas y solo encontraron a cuatro prisioneros en todo el edificio, y cuando les dijeron que eran libres, los presos ¡no querían irse! Se habían acostumbrado a vivir en aquella prisión que les aportaba algunas comodidades y tuvieron que ser forzados por los revolucionarios a ¡ser libres!

De la misma forma, muchos de nosotros nos hemos impuesto cadenas que nos limitan. Puede ser que nos hayamos vuelto dependientes de nuestra pareja, de nuestro empleo, de creencias impuestas o costumbres añejas. Hemos aceptado de buena gana esos yugos, porque es cómodo hacerlo. Después de todo, ¿no es cierto que vale más malo por conocido?

Sin embargo, aquellas personas que han decidido ir más allá de lo que su conformismo y su miedo les permite se han dado cuenta del gran potencial que existe en ellos. Tal vez esos espíritus libres sean minoría, pero dan cuenta de lo maravillosa que puede ser la osadía de romper los moldes que nos tienen cohibidos y limitados.

La vida se vuelve tan rica, también a veces riesgosa e intrépida, cuando decidimos hollar nuestro propio camino. Pero tal vez nos estemos perdiendo de una gran aventura y podemos seguir en nuestro nicho de conformismo, donde tendremos cada semana, cada mes y cada año las mismas rutinas. Aunque podemos elegir ver el horizonte y dejar de adular a nuestras cadenas, que, pese a ser doradas, seguirán limitando nuestro gran potencial.

Ya lo dijo el sabio griego Séneca cuando un filósofo de la corte del rey le dijo: «Si supieras adular al rey, no tendrías que comer todos los días lentejas», a lo que Séneca le contestó: «Si supieras comer lentejas, no tendrías que adular al rey».

La libertad cuesta y es más fácil agachar la cabeza, pero su sabor es un néctar que muy pocos saborean. Sin embargo, otra oportunidad, además de esta vida que vivimos ahora, nunca la tendremos.

Práctica

Durante esta semana dedica diez minutos a respirar consciente todos los días.

Trata en esta semana de hacer las cosas convencionales de manera diferente, por ejemplo, cepíllate los dientes con la mano no dominante, enjabona tu cuerpo al ducharte de la forma inversa a la que lo haces, elige una ruta diferente a tu trabajo.

Date cuenta durante la experiencia de cuáles son tus emociones y sensaciones físicas.

Reflexiona sobre tus experiencias.

Estar siendo

«La plenitud que deseas, ya la eres».

Hay un cuento zen que me encanta y dice así: «Iban tres amigos caminando por el campo cuando vieron a lo lejos a un hombre sentado sobre el pasto mirando el horizonte».

»Al verlo, uno de los amigos dijo a los otros dos: "Seguro que se ha perdido y está esperando a alguien para que lo oriente a continuar su camino". Ante este comentario, otro de los amigos comentó: "No lo creo, seguro que se siente mal y se sentó a recuperarse para seguir con su camino".

»Entonces, el tercero dijo: "Los dos están equivocados, ese hombre seguro que espera a algún amigo para continuar con su camino acompañado de alguien, y no solo". Y así cada uno con su propia idea sobre aquel hombre, llegaron hasta donde estaba y le preguntaron: "Hola, buen amigo, ¿te sientes mal?".

»"No", contestó. "Entonces, ¿te has perdido?". "No", respondió, y el tercero quiso confirmar su teoría.

»"Seguro que esperas a alguien para que te acompañe en tu camino..., ¿cierto?". "No", contestó nuevamente.

»Desconcertados, los tres amigos le preguntaron: "¿Qué estás haciendo entonces que no sigues tu camino?".

»"Estoy siendo", les dijo el hombre simplemente».

¡Estoy siendo! ¡Qué maravillosa respuesta! ¿Cuántos de nosotros somos, primero, capaces de hacer una pausa de manera voluntaria, no cuando el cansancio nos detiene forzosamente, sino que voluntariamente decidimos salir de la vorágine de la inercia con la que nos impulsa nuestra mente ansiosa?

Y segundo, ¿hemos considerado alguna vez que estar siendo forma también parte de nuestro camino? Si no lo has hecho aún, date permiso, no te sientas culpable, detente y disfruta de la vida que te llama a gritos. Te dice que hay aves que trinan para tu deleite, que hay árboles que danzan con el viento y te invitan a ser abrazados, que hay vida más allá de tu mente parlante.

Sin embargo, no te confundas, no se trata de que dejes tus actividades laborales, académicas o sociales para entretenerte en algo más, ya que no es ponerte a ver la televisión o un partido de fútbol o las inacabables historias generalmente huecas de las redes sociales o las noticias de la política.

Sino de que te zambullas en la vida tal y como es, no en el mundo que hemos inventado. Entonces, solo entonces, sabrás que la vida es una sinfonía que se reinventa momento a momento, que bulle en energía y plenitud.

No tengas miedo, cuando decidas regresar al flujo de tu trabajo, ahí estará esperándote; cuando quieras volver a los entretenimientos de siempre, te darás cuenta de que siguen estando ahí a tu disposición. Podrás seguir adormeciéndote y perdiendo una vida más profunda que no está al alcance de todos, no por difícil, sino al contrario, por ser demasiado sencilla para creer que aporta algo tan profundo.

Práctica

Durante esta semana dedica todos los días a respirar consciente por diez minutos.

Elige dos días en la semana en los que puedas ir a un espacio natural o un parque y siéntate por una hora (o más si lo deseas) en alguna banca o en el suelo, y solo date cuenta de todo lo que te rodea, observa sin juzgar, escucha sin juzgar, siente sin juzgar y date cuenta de cómo te hace sentir esta experiencia.

Equivócate, pero nunca dejes de intentarlo

«No intentarlo, es la verdadera equivocación».

Todas las personas hemos cometido y seguiremos cometiendo errores, no somos omniscientes y somos perfectamente imperfectos. Por lo tanto, en cualquier intento de realizar grandes proyectos o pequeñas tareas nos toparemos con una pared tarde o temprano, y nos daremos cuenta de que el camino se vuelve cenagoso a medida que tratamos de seguir adelante.

Así es la vida, así funciona, pero desgraciadamente cada error o cada fracaso deja en nuestro cerebro una huella, una alarma que, al volver a intentar involucrarse en un proyecto o un reto, se enciende y nos paraliza. Entonces, se despierta una voz que nos dice: «No lo intentes, ya sabes que no lo lograrás, no estás hecho para esto...», y esta voz puede seguir y seguir durante toda la vida, amordazando todo nuestro potencial por miedo a volver a equivocarse.

De hecho, como lo menciona el doctor Javier García Campayo en alguna de sus charlas, hoy se sabe que el cerebro es un órgano que ha sido desarrollado para la supervivencia, no para la felicidad. Por ese motivo, si hay algo que nos aporta estados de bienestar, pero implica afrontar algún riesgo, podemos preferir no intentar involucrarnos para no sufrir. Por ejemplo, cuando una persona termina una relación de pareja, en la que vivió grandes momentos, si termina de una manera traumática, por un engaño, digamos, la persona engañada puede preferir no volver a iniciar una relación que le pueda dar apoyo y momentos agradables, por el miedo a volver a ser engañado.

De manera que es importante considerar dos cosas: la primera es que necesitamos desplegar todas nuestras capacidades y fortalezas, porque, si no lo hacemos, estaremos en una incómoda y mordaz sensación de deuda con nosotros mismos. Una sensación que puede reducir nuestra autoestima y autoconfianza. La segunda es porque, cuando lo realizamos, vivimos una plenitud indescriptible, no tanto por lo logrado afuera, sino por la sintonía alcanzada en cumplir nuestra misión y legado para los que nos rodean.

Si en tu vida sabes que hay proyectos por realizar, pero el miedo te paraliza, prepárate, organízate y zarpa a la aventura del aprendizaje, porque al final todo viaje tiene un objetivo supremo, que es aprender. Si aprendes, no hay fracaso; al contrario, dicha tarea o proyecto te habrá dado la oportunidad de templarte para seguir adelante enfrentando retos.

Tal vez estas palabras del famoso poeta uruguayo Mario Benedetti te inspiren: «Fracasar es también una señal, que es casi una advertencia, por ejemplo, de que teníamos algo para dar, tal vez perderlo en una noche; el fracaso hace bien, es una alarma, nos enseña que somos vulnerables, y con esa tutela nos da fuerza para volver a la victoria».

Práctica

Durante esta semana dedica diez minutos a respirar consciente todos los días, y dos días de la semana, al terminar el ejercicio de respiración, reflexiona sobre algún proyecto, deseo, que aún no realices por temor a no lograrlo; analízalo detalladamente y piensa si aún es posible poder llevarlo a cabo adaptado a tu momento de vida.

¿No te has dado cuenta?

«La felicidad no es un logro sino un reconocimiento».

Las personas caemos en una terrible confusión, que es la generadora de una devastadora crisis mundial.

Una crisis que se manifiesta iniciando con el individuo y que impacta a su familia y la familia a su comunidad y la comunidad al resto del mundo.

Esta confusión tiene al borde del colapso a nuestro planeta, porque la contaminación, la destrucción de inmensas zonas naturales y el calentamiento global representan lo que algunos científicos han llamado el sexto evento de precipitación masiva del planeta.

Antes, en la historia de la Tierra, según dicen estos científicos, en cinco ocasiones la vida ha prosperado y se ha extinguido por algún desastre natural, reduciendo la vida hasta en un 90 %.

Esta es una confusión aparentemente muy lucrativa para toda aquella empresa y organización que explota esta ignorancia, que se sostiene desde hace miles de años. Tal vez desde que el ser humano es humano, y aunque esta confusión deja, como menciono, montañas de dinero, dichas ganancias se generan del consumo de nuestro propio planeta; sí, nos estamos comiendo a nosotros mismos.

Todo ocurre por esta confusión, que es confundir la felicidad con el placer. Increíble, ¿no? Las personas tenemos en nuestro cerebro una zona llamada núcleo *accumbens*; cada vez que recibimos un estímulo grato, ya sea una comida sabrosa, comprarnos un nuevo coche, jugar a los videojuegos, se produce una liberación de sustancias químicas que nos dan la sensación de placer y de querer más.

Esta demanda de querer más es tan alta que de manera compulsiva buscamos desesperadamente aquello que nos da placer, y ahí caemos en la trampa de ser felices al tomar, comer, comprar, vender lo que queremos. Sin embargo, este placer, aunque grato por supuesto y válido también, tiene dos características.

La primera es que nunca quedamos satisfechos; si viajamos y disfrutamos del viaje, en el hotel mismo estamos planeando el siguiente. Cuando compramos ropa y disfrutamos de hacerlo, solo esperamos la siguiente quincena para ir por el siguiente artículo… La segunda es que este placer tiene tolerancia, lo que quiere decir que, cada vez queremos más de eso que nos gusta, hasta, finalmente, hartarnos.

¿Y por qué el placer no es felicidad? Porque nos vuelve dependientes, nos vuelve irritables y ansiosos, cuando eso que deseamos no lo tenemos. Muchas veces esos placeres se realizan a costa de nuestra salud, física, psicológica, social y, en última instancia, planetaria.

Afortunadamente, existe una dimensión de felicidad genuina, la felicidad de la que el dalái lama dice: «La que viene de adentro hacia afuera» y no tiene nada que ver con tener o sentir, sino con ser. Pero para lograrla antes debes creer en ella, y de ahí comienza la búsqueda.

Práctica

Durante esta semana dedica diez minutos a respirar consciente todos los días, y al terminar este ejercicio, trata de mantenerte presente en cada actividad que realices por más insignificante que la consideres. No te pierdas en tus pensamientos sobre lo que debería ser o no ser.

Solo mantente presente lo más que puedas y al final de la semana pregúntate, si eso, la realidad, redujo tu ansiedad o zozobra.

Maestros gratuitos

«No hay mejor maestro que la adversidad».

Quien crea que no tiene nada que mejorar como ser humano está equivocado. Si no me cree, pregúntele a su pareja, su hijo o su colega cercano.

Quien crea que no puede mejorar como ser humano está equivocado. Pregunte a toda persona que ha logrado con esfuerzo y tenacidad alejarse de alguna adicción y reconstruir su vida.

Quien crea que los demás son los que dificultan nuestra capacidad de desarrollarnos cuando se entorpecen nuestros proyectos o planes está equivocado. Pregunte a toda aquella persona que se haya sobrepuesto a abusos y maltratos y que hoy vive una vida digna.

Entonces, ¿que nos impide ser la mejor versión de nosotros mismos? Pues precisamente eso, nosotros mismos.

La escritora estadounidense Marianne Williamson dice «Nada te ata, excepto tus pensamientos; nada te limita, excepto tu miedo; nada te controla, excepto tus creencias».

Sin embargo, puedes ser de esos seres humanos que se sienten plenamente satisfechos con su vida, porque cada momento es equilibrado y repleto de dicha, que en donde estés y con quien estés te sientes en casa, con una comodidad que solo da la confianza, la ecuanimidad y la sabiduría. Si eres de esos y crees entonces que nada más tienes que hacer, también, lo siento, estás equivocado.

Si eres de esos seres elegidos por la naturaleza, la genética o un buen karma, tienes mucho que hacer aún: comparte toda tu sabiduría con esos que viven en medio de la zozobra, del miedo, de la angustia, de la incertidumbre, del hartazgo, ya que si nos encerramos en nuestra burbuja de plenitud, reventará tarde o temprano, porque las espinas del sufrimiento de nuestros semejantes la alcanzarán.

Por otro lado, si eres una persona que se enfada cuando alguien llega tarde; si te entristeces porque no te invitan a una reunión; si te enciendes porque alguien te critica, entonces, no lo pienses más, el tiempo es oro, trabaja en tu desarrollo interior y podrás con práctica y paciencia ir alcanzando cada vez una mayor plenitud y llegará el momento en que te desborde y querrás llevarla a los que te rodean haciendo un efecto dominó de felicidad.

Por lo tanto, te propongo iniciar con esta lección que te irá ayudando a este crecimiento: a cada persona o situación que percibas como adversa, como retadora, mírala como a un maestro que te puede enseñar paciencia, compasión, templanza y gratitud. Todos tenemos estos maestros, puede ser tu jefe, tu cuñado, tu vecina, tu suegra, tu hijo, tu mascota, y largos etcéteras.

¿Y por qué habríamos de verlos como maestros y no como enemigos? Porque, al igual que tú o que yo, solo quieren ser felices y no sufrir, y al igual que tú, que yo, no saben cómo hacerlo.

Así que te invito esta semana a que busques a tus maestros, que son quienes te ayudarán a mejorarte como ser humano y además… ¡son gratis!

Práctica

Durante esta semana dedica diez minutos a respirar consciente todos los días y piensa sobre las personas ante cuya presencia no te sientes cómodo y cuáles son las causas de tu incomodidad específicamente. Ahora, piensa si eso que te molesta de alguien no lo posees en alguna medida o aspecto de tu conducta o personalidad.

Reflexiona sobre ello.

La ira no es necesaria

«La ira quema al que se dirige, pero más al que la genera».

Hoy fui invitado a una charla en la radio, donde platiqué con la conductora sobre «El poder del mindfulness». Entre los temas que abordamos, hablamos de cómo la ira, la frustración, la violencia se han disparado últimamente, y sin que tuviera ella problema en recordarlo en ese momento me compartió tres lamentables casos de las últimas semanas donde la ira y la violencia protagonizaron lamentables encuentros.

Pero ¿por qué? ¿Por qué ante una situación adversa detonamos rabia? Muy sencillo, porque así está diseñado nuestro cerebro. En la ingeniería cerebral, existen diversos botones que están listos para ser presionados ante alguna adversidad y la ira es la reacción habitual.

La ira es una de las emociones primitivas que nos permitieron luchar contra tribus y depredadores y sobrevivir. Sin embargo, hoy en día, ante una vida tan ajetreada, tan cargada de estímulos, estos botones están muy sensibles y se activan ante estímulos mínimos, cuando no absurdos.

Cuando salí del programa, atravesé el centro de la ciudad y, en una angosta calle, un camión de mudanza estacionado estaba obstruyendo el paso. Frente a mi coche, estaba una camioneta blanca, y frente a la camioneta blanca, un taxi, y frente al taxi, ese camión. Ante la obstrucción del paso, el taxista, un adulto mayor, se bajó de su coche y fue a discutir con el chofer del camión de mudanza, y se regresó a su auto. Acto seguido, la señora de la camioneta blanca se bajó y fue a discutir con el chofer también y se regresó a su coche, posterior a ello, el camión se movió y se estacionó adecuadamente, pero, al pasar frente a él, el taxista le arrojó una lata de refresco en el vidrio del parabrisas, ¿Cuánto duró todo ese lamentable espectáculo? ¡Menos de cinco minutos! Esto es, en este breve tiempo un grupo de adultos se salieron de sus casillas con resultados que pudieron ser mucho más lamentables.

En una cultura tan estresada como la nuestra, la ira es un recurso utilizado muy frecuentemente. Lo peor de todo es pensar que si no nos volvemos unos energúmenos, no solucionaremos nuestros problemas. Esto es totalmente falso, más bien es cierto lo contrario: cuando usamos la ira, todos nuestros conflictos se multiplican.

El Buda dijo: «Agredir a alguien es como lanzarle un carbón al rojo vivo tomando este carbón con nuestra mano para lastimarlo». ¿Consecuencia? Lastimamos a esta persona, pero primero nos lastimamos nosotros. Lo anterior es así, porque cada vez que somos agresivos hacia alguien, nuestra ira va aumentando de tamaño hasta alcanzar una proporción que no podremos controlar y que se volverá contra nosotros.

Así que no pierdas tiempo, si eres iracundo, debes comenzar a buscar recursos genuinos y sostenibles para liberarte de la ira, antes de que sea demasiado tarde.

Práctica

Durante esta semana dedica diez minutos a respirar consciente todos los días.

Posteriormente, piensa en alguna situación que te generó ira o enojo, piensa en los detalles, en lo que se vivió, en lo que se dijo. Mientras lo recuerdas, lleva la atención a tus pies y contrae los dedos tres veces. Date cuenta de si esa acción redujo las sensaciones que se generaron con el recuerdo de lo que te irritó.

La maravilla del *Kaizen*

«El secreto no está en el tamaño, sino en la constancia».

Un viaje de mil millas comienza por el primer paso, decía el sabio taoísta Lao Tsé. Y esta gran enseñanza es la que desde hace siglos se ha implementado en la cultura japonesa y hoy en todo el mundo, en las empresas y en otras esferas; se trata de hacer un gran cambio dando pequeños pasos, el *Kaizen*.

Muchos de nosotros hemos intentado hacer cambios positivos en nuestra vida y muchos hemos logrado dichos cambios y otros muchos más los hemos dejado en el intento. De esta forma, algunas personas se pueden involucrar en intentos realmente sinceros de bajar de peso, hacer ejercicios, dejar de fumar, ahorrar. Hasta que se dan cuenta, pasados unos meses (incluso semanas), de que dicho proyecto quedó solo en una buena intención.

¿Por qué sucede esto? Si sabemos lo importante que es para nosotros cambiar para bien y teniendo todas las capacidades para hacerlo, no lo logramos. Pues en esta situación altamente común sucede algo interesante: al cerebro le dan miedo los cambios.

Nuestro cerebro prefiere su zona de confort a traspasar sus límites, que, por supuesto, son autoimpuestos. Cuando intentamos hacer un cambio evidente en nuestra vida, nuestro cerebro usa todo su arsenal para regresarnos a los viejos patrones, esos a los que ya estamos más que habituados.

De este modo, nos vemos boicoteados una y otra vez por el órgano más avanzado y sofisticado de toda la creación: el cerebro.

Pero ¿y qué tal si cambiamos, sin que el cerebro se dé cuenta? Extraño, ¿verdad? Paradójico, ¿no es cierto? ¿Cómo cambiar con acciones realizadas obviamente por nuestro cerebro? ¡Sin que el cerebro se dé cuenta!... Podrías pensar al leer esto que ya se está dando cuenta del complot para sacarlo de su zona de confort. Sin embargo, existen evidencias milenarias y hoy constatadas por la neurociencia de que esto es posible: se llama *Kaizen.*

El *Kaizen* parte de la premisa de que cada día podemos ser un poco mejor que el día anterior, y esto lo logramos con muy pequeños cambios. Unos cambios tan diminutos, como constantes (y ahí está el secreto del éxito), porque el cerebro no reacciona para defenderse de ellos, sino que, de manera muy paulatina, muy sutil, vamos ejecutando ese «cambio hormiga», a tal grado que, cuando el cerebro se da cuenta, ya es un hábito bien establecido en nosotros.

Esto sirve prácticamente para cualquier cambio que desees realizar; sin embargo, no olvides que la base es la constancia y que puede que el cambio sea tan absurdo que incluso puedas pensar que no está cambiando nada.

Daré un ejemplo: quiero dejar de fumar. Lo que haría con el *Kaizen* sería, en el primer mes, arrancar un trozo muy pequeño de la punta del cigarro y tirarlo, y luego fumármelo, y así muy lentamente hasta dejarlo.

Práctica

Durante esta semana dedica diez minutos a respirar consciente todos los días.

Ahora, piensa en algo que te gustaría cambiar, elige solo una situación y, ya que lo has elegido, planea la forma más pequeña y aparentemente insignificante en la que puedes comenzar a cambiarlo e inicia con ello.

Heridas de oro

«Sin el lodo no florece el loto».

En la vida es inevitable enfrentar situaciones que nos superan, y al vivirlas, ¿qué hacemos? Si nos hundimos pensando que después de algún daño no podremos ser plenos, estamos perdiendo la oportunidad de ser resilientes.

La resiliencia se define como la capacidad de sostenernos y recuperarnos de eventos adversos, y no solo eso, sino, de salir fortalecidos de ellos.

Lo anterior no es fácil, y lo es mucho menos si en nuestro modelo mental creemos que después de un descalabro no podremos ser los mismos. Por supuesto que, en esto, tenemos razón, pero no ser los mismos no tiene por qué ser precisamente algo negativo.

En el momento en que hemos sufrido un tropiezo, tenemos la posibilidad de replantearnos nuestra vida y nuestras prioridades, así como nuestras estrategias usadas hasta el momento, y de ahí puede venir un poderoso cambio positivo en nuestra vida.

Hay una frase que dice que «lo que no te mata te hace más fuerte». Desgraciadamente, no siempre es así, pero por supuesto que esto sí es posible y depende en gran medida de aprender a unir lo que se ha roto dentro de nosotros. Aprender de esta experiencia para poder hacernos más fuertes.

Desde hace siglos en la tradición japonesa, esta capacidad de poder reparar lo que se ha roto es enaltecida, llevándola hasta lo artístico en un arte llamado *kintsugi*, en el que hay que reparar las piezas de cerámica con pegamento coloreado con polvo de oro.

Esta hermosa visión de la tradición nipona tiene varios mensajes; uno de ellos es la iniciativa de no caer, en lo que hoy caemos, de volver todo desechable, desde los objetos de cocina, la ropa y hasta las relaciones humanas.

El segundo mensaje es que, al reparar algo dañado con ese pegamento, la zona reparada se vuelve aún más fuerte que el resto de la pieza. Esto muestra que precisamente es esa fractura lo que permite hoy una mayor templanza, desechando nuestra idea común de que al ser dañados somos más débiles y que dichas heridas son nuestros puntos débiles.

Cuando en realidad, cuando trabajamos en sanarlas, esas heridas son nuestra motivación e inspiración para seguir adelante. Otro mensaje maravilloso de este arte es que la fractura no solo se repara, sino que ¡se enaltece!, no se esconde, ni se disimula, sino que se muestra en todo su esplendor.

Incluso, se cubre de oro, del mineral más preciado, porque esas heridas nos vuelven guerreros de la vida, porque continuamos en la batalla por alcanzar nuestra plenitud y por llevar amor, compasión y generosidad a los que nos rodean.

Así que cuando la vida te rompa, levanta la mirada y recuerda que aún puedes repararte, puedes trabajar en tu interior para sanarte desde lo más profundo y disfrutar de una vida digna y plena.

Práctica

Durante esta semana dedica diez minutos a respirar consciente todos los días y recuerda algo que te haya desfavorecido en tu vida y piensa en qué aprendizaje te dejó.

Ahora, genera la siguiente frase mentalmente en tres ocasiones:

«Me siento agradecido por el aprendizaje de... (y piensa en dicha situación)».

Reflexiona sobre ello.

Un día de suerte

«Hoy y solo hoy es tu día de suerte».

Un día de suerte no es algo casual, sino una decisión que nosotros mismos generamos, cuando tenemos la apertura y equilibrio necesarios.

Recuerdo que hace algunos meses uno de mis amigos me comentó: «¡Cómo me gustaría sacarme el premio mayor de la lotería y poder salir de todas mis deudas de una vez por todas!». Y yo le pregunté: «¿Cuántos boletos compraste?». Y él me contestó: «¡Ninguno! ¿Para qué?, son tantos números y yo con tanta mala suerte…».

Con lo anterior, quiero resaltar el hecho de que la suerte tiene una parte azarosa, sí, pero la mayor parte para inducir los resultados que deseamos en nuestra vida no viene de lo fortuito, sino de los esfuerzos y correctas estrategias para lograr nuestras metas.

En la literatura india existe una epopeya llamada *Mahabharata*, dentro de esta gran obra se encuentra una parte donde se describe una enseñanza entre un maestro llamado Krishna y su discípulo, de nombre Arjuna. Este hermoso diálogo se llama *Bhagavad Gita*; dentro de esta historia, el maestro le dice a su alumno: «Ocúpate de la acción y olvídate del resultado».

Lo anterior quiere decir que, en la medida en que nos preparamos y nos esforzamos de forma inteligente en lo que queremos lograr, los resultados se irán desplegando ante nosotros. De esa manera, podremos ir logrando nuestros objetivos. Alguien dijo: «Cuanto más me esfuerzo, más mejora mi suerte».

Pero ¿y qué sucede cuando nos esforzamos y, a pesar de ello, los resultados son totalmente contrarios o adversos? Bueno, aquí también podemos usar la siguiente visión: de todo lo que nos sucede podremos aprender y fortalecernos.

De acuerdo con lo anterior, te podrás dar cuenta de que la suerte depende de cómo percibamos las diferentes situaciones que vivimos, si tenemos la correcta disposición y preparación, cada día es nuestro día de suerte.

Por lo tanto, es altamente recomendable que consideres que lo que hoy estás viviendo es el resultado de todo lo que has hecho o dejado de hacer, y que lo que posteriormente vivas, será el resultado de lo que comiences a hacer o dejes de hacer en este momento.

Así que, si, momento a momento, te enfocas en lo que es importante para ti, la vida te irá alfombrando el camino. Este alfombrado será en tramos de suave terciopelo, y otros tramos tendrán un áspero y rugoso tejido, pero todo forma parte del camino hacia la plenitud.

Práctica

Durante esta semana dedica diez minutos a respirar consciente todos los días. Después, considera que hoy es tu día de suerte, y mantén una disposición positiva ante cada situación que enfrentes, disfrutando de lo favorable y aprendiendo de lo desfavorable.

Ganar-ganar

«Si al ganar, alguien se ve afectado, todos perdemos».

Una de las cualidades más poderosas que nos puede permitir sobreponernos a cualquier crisis sanitaria o económica es nuestra generosidad.

La generosidad se define como el deseo de ayudar a los seres sin recibir nada a cambio. Es una disposición de estar presto para apoyar a quien nos necesite, y cuando se dan las condiciones adecuadas, este deseo se transforma en acción.

Asimismo, es algo innato, desde muy pequeños los niños son generosos, regalan abrazos, sonrisas. En sus primeros años de vida, cuando se vuelven conscientes de sí mismos, nos regalan las palabras o gestos que les pedimos, y saben sobradamente que disfrutamos sus regalos.

¿Qué sucede después? ¿En qué momento nos volvemos avaros y acumuladores? ¿Cuándo comenzamos a racionar nuestra generosidad al grado de limitarla, si acaso a los más cercanos, a esos que nos devolverán el favor o nos abrirán las puertas del cielo?

Pues la respuesta está en nuestra cultura de competencia; de niños damos todo, pero se nos dice que no seamos tontos, porque debemos ver primero por nosotros, debemos ser el primer lugar. A partir de ahí se forma la brecha, que nos va separando cada vez más de los demás y nos va aislando en una carrera por asegurarnos de que nada nos va a faltar nunca, aunque mucho de eso que adquirimos no lo usemos jamás.

Decía Mahatma Gandhi que en la Tierra había recursos suficientes para satisfacer las necesidades de todos, pero no los suficientes para satisfacer la codicia de una sola persona.

Eso era en tiempos de Gandhi y lo sigue siendo en los nuestros. Seguimos teniendo recursos suficientes para todos, pero, como se sabe hoy, la riqueza mundial se reparte así: 45 % de la riqueza mundial está distribuida entre el 0,7 % de la población, y 55 % restante de la riqueza mundial se distribuye entre el 99,3 % de la población restante, y entre ese 0,7 % se sigue luchando por ser el primero de la lista en tener más.

La avaricia siempre nos dará la sensación de que aún no es suficiente, sin importar lo que tengamos. En una ocasión, alguien me platicó de un hombre tan avaro que, para que los demás no le pidieran dinero, se adelantaba y ¡pedía dinero a los demás, para que pensaran que él estaba en quiebra!

Afortunadamente, no todos tienen esta visión miserable, y lo más hermoso es que lo natural es dar, no solo lo material, sino nuestro tiempo, nuestros consejos, nuestro apoyo. Hoy la ciencia dice que cuanto más damos más felices somos. Se han hecho estudios en personas que al ser generosas liberan oxitocina, una endorfina cerebral que reduce el estrés, la ansiedad y la depresión.

Así que, al dar, no solo ayudamos, sino que salimos ganando. ¿Cuándo es el mejor momento para dar?... En el momento presente.

Práctica

Durante esta semana dedica diez minutos a respirar consciente todos los días y luego piensa en alguien (persona, grupo) que sepas que es vulnerable. Piensa en cómo podrías apoyar a dicha persona o grupo, posteriormente piensa en tres motivos que te impiden hacerlo.

Reflexiona sobre ello.

Nunca te olvides de ti

«El camino del amor inicia por nosotros mismos».

Muchas personas tienen la tendencia sumamente arraigada de ser un auxiliar para casi cualquier persona que se atraviese en su camino. Son serviciales, amables, solidarios y creativos.

Estas personas tienen una especial intuición para adelantarse incluso a las necesidades ajenas, antes de ser solicitados ya se encuentran en acción, hollando el camino para que los demás lo atraviesen sin tanto problema.

Conocer a una persona así es una bendición, sabemos que siempre contamos con ella cuando las cosas se vuelven difíciles y, por supuesto, valoramos su presencia en nuestra vida. Sin embargo, muchas de estas personas tan dedicadas y atentas a la necesidad del prójimo cometen un error: se dejan fuera de la ecuación de ayuda.

Ese desequilibrio parte de la idea primitiva de que ellos son menos importantes que las personas a las que ayudan, porque ellos son fuertes, mientras que los demás son débiles o necesitados. Esta premisa los lleva a volcarse en las necesidades de los que los rodean, pero en detrimento de sí mismos.

Por lo tanto, en esta reflexión quisiera que consideraras si te encuentras en este grupo de seres humanos, que se autodenominan como los «yo no importo»; y, si acaso lo estás, que consideres que tarde o temprano acabarás desgastándote a un grado tal que no podrás seguir ayudando, porque tu salud, física o psicológica, no te lo permitirá.

Por eso: nunca te olvides de ti y date todo lo que necesites, para tu correcto desarrollo interior y exterior, porque así podrás apoyar a los que más amas.

Sin embargo, también es importante recordar que para que en tu vida exista una bella sintonía de plenitud necesitas tener bien afinadas las cuerdas de tu corazón, ya que, si estás demasiado preocupado por ayudar a los demás olvidándote de ti mismo, terminarás quemado.

Sin embargo, si por evitar angustiarte o frustrarte ante el sufrimiento ajeno te alejas de los que sufren, encerrándote en tu burbuja de todo está bien, la vida es así, tarde o temprano el sufrimiento te alcanzará y no tendrás herramientas para solventarlo.

En relación con este equilibrio, me gustaría citar el cuento del sitar. Se trata de un músico que quería aprender meditación en muy poco tiempo y para ello meditaba día y noche.

Un día, Buda lo vio y le dijo: «Tú eres músico y tocas el sitar ¿verdad?». «Sí, mi señor», contestó el hombre. Entonces, Buda le dijo: «Si tus cuerdas están muy flojas o tensas, ¿sacas melodía?». «No, mi señor», dijo el hombre. A lo que el maestro le dijo: «Asimismo debes meditar, ir calibrando tu esfuerzo para que puedas fluir en tu práctica».

De la misma manera, ¿cómo ayudas? ¿Muy tenso o flojo?

Práctica

Durante esta semana dedica diez minutos a respirar consciente todos los días.

Ahora imagínate sentado o sentada en una silla, trata de imaginarte con los ojos cerrados y respirando consciente. Al observarte, genera mentalmente las siguientes frases en tres ocasiones.

> «Que yo esté feliz».
> «Que yo esté en paz».
> «Que esté libre de sufrimiento».

Debes darte cuenta de cómo te sientes después del ejercicio.

¿Buscas en el lugar correcto?

«El camino del amor comienza en nosotros mismos».

Todos los seres humanos queremos ser felices y no sufrir, pero muchas de nuestras acciones producen lo contrario, y esto se describe a la perfección en este cuento.

En cierta ocasión, una señora ya mayor estaba en cuclillas buscando algo en la acera, afuera de su casa, en un lugar iluminado por una farola, ya que había anochecido y la luz estaba concentrada en ese espacio donde ella meticulosamente hurgaba.

Al verla uno de sus vecinos se le acercó y le preguntó: «Doña Mary, buenas noches… ¿Qué está haciendo?».

A lo que ella, contestó: «Es que perdí una aguja y la estoy buscando».

El hombre se acomidió a ayudarla en su búsqueda y también se arrodilló en la acera, buscando la aguja; entonces paso una vecina por ahí y les preguntó: «¿Qué están haciendo?». A lo que el hombre dijo: «Es que doña Mary perdió una aguja y la ayudo a encontrarla».

Al escuchar esto, la vecina también se sumó amablemente a la búsqueda y, poniéndose en cuclillas, comenzó a buscar dicha aguja…, diciéndoles: «¡Yo sí la encontraré! ¡Soy experta en encontrar cosas perdidas!».

Pasados unos minutos, otro vecino caminaba y vio a las tres personas de rodillas con la cara muy cerca del suelo y les preguntó: «¿Qué están haciendo?». Y la vecina contestó: «Es que Mary perdió una aguja y la ayudamos a encontrarla...». Y el recién llegado agregó: «Mary... ¿Dónde exactamente has perdido esa aguja?». A lo que la mujer mayor contestó: «La he perdido adentro de la casa...».

Ante aquella respuesta los tres vecinos se sorprendieron y le preguntaron al unísono: «¿Entonces por qué la buscas aquí?». A lo que la mujer respondió: «Ah... ¡pues porque en mi casa no tengo luz!».

Absurdo, ¿no? Por supuesto que por más iluminada que estuviera la calle, jamás encontrarían esa aguja, que se había perdido dentro de la casa.

Pues así de absurdo es que busquemos la felicidad auténtica afuera de nosotros. Aunque es cierto que afuera hay luz, entretenimientos, objetos visuales, auditivos, sabores y aromas deliciosos, pero ninguno de ellos tiene la posibilidad de darnos una felicidad genuina. Nos dará solo placeres fugaces, que nos distraen unos momentos para después volver a buscar la aguja, pero es una aguja que jamás encontraremos...

Entonces, ¿por qué buscamos afuera esa felicidad? Exactamente igual que Mary... porque adentro no hay luz, porque cada vez que estamos con nosotros mismos no sabemos estar siendo. Es decir, no sabemos disfrutar nuestra presencia, nuestra existencia, y comenzamos a sentir una especie de cosquilleo, de tensión, de incomodidad que nos lleva otra vez hacia afuera, a comer un helado, a ver una serie, a coger una pala, hacer una manualidad, lo que sea, no importa, lo importante es ir afuera, y cuanto más lejos de nuestro interior estemos, mejor.

Sin embargo, la aguja se perdió adentro y ahí es donde debemos buscarla.

Práctica

Durante esta semana dedica diez minutos a respirar consciente todos los días y posteriormente reflexiona sobre qué necesitas para ser feliz. Imagina ahora que ya lo posees, y pregúntate si una vez que lo tengas nada te generará algún malestar.

Reflexiona sobre ello.

Conclusión

Espero sinceramente que este viaje hacia ti mismo te haya nutrido, que cada práctica te haya acercado más a tu verdadero yo, esa esencia pura y prístina que todos tenemos y que, en última instancia, todos somos.

Cuanto más estemos sintonizados con nuestra verdadera esencia, más sentido a la vida encontraremos, porque desde nuestra verdadera naturaleza podremos darnos cuenta de que todo es un espectáculo para mostrarnos que, pese a cualquier reto, podemos permanecer enteros, profundamente integrados con el momento presente.

Siempre que te encuentres turbado o que no encuentres hacia dónde dirigir tus velas, puedes buscar en uno de estos capítulos y volver a revisarlo, realizando la práctica correspondiente, y estoy seguro de que te ayudará a reorientar tu camino hacia una vida plena.